열린다 성경

생활풍습 이야기 상(上)

열린다 성경

생활풍습 이야기 상(上)

지은이 | 류모세
초판 발행 | 2010년 1월 18일
22쇄 발행 | 2021. 7. 23
등록번호 | 제3-203호
등록된 곳 | 서울특별시 용산구 서빙고동 95번지
발행처 | 사단법인 두란노서원
영업부 | 2078-3333 FAX 080-749-3705
출판부 | 2078-3477

▮ 책 값은 뒤표지에 있습니다.
ISBN 978-89-531-1262-9 03230

▮ 편집부에서 독자의 의견을 기다립니다.
tpress@duranno.com http://www.Duranno.com

두란노서원은 바울 사도가 3차 전도여행 때 에베소에서 성령 받은 제자들을 따로 세워 하나님의 말씀으로 양육하던 장소입니다. 사도행전 19장 8-20절의 정신에 따라 첫째 목회자를 돕는 사역과 평신도를 훈련시키는 사역, 둘째 세계선교(TIM)와 문서선교(단행본 · 잡지) 사역, 셋째 예수문화 및 경배와 찬양 사역, 그리고 가정 · 상담 사역 등을 감당하고 있습니다. 1980년 12월 22일에 창립된 두란노서원은 주님 오실 때까지 이 사역들을 계속할 것입니다.

열린다 성경

생활풍습 이야기 상(上)

| 류모세 지음 |

두란노

최명덕_건국대학교 문과대학 문화콘텐츠학과 교수

학생들을 데리고 이스라엘에 가서 히브리어 어학연수를 한 적이 있다. 그때 어학연수를 마치면 이스라엘 청중 앞에서 연극을 올리기로 했다. 예전에 올렸던 '심청전'의 반응이 좋았던 터라 용기를 내어 '춘향전'을 올리기로 한 것이다. 히브리어로 하는 연극이 결코 쉽지 않았지만, 우리는 그보다 더 큰 문제에 부닥쳤다. 춘향이가 왜 변 사또에게 수청을 들어야 하는지, 암행어사는 뭐 하는 사람인지 등 조선시대 풍습을 모르는 이스라엘 청중이 짧은 시간에 춘향전을 이해하는 데는 무리가 따랐던 것이다. 고민하다 변사를 세워 중간중간 한국의 풍습을 소개하기로 했다. 공연은 어설펐으나 성공적이었다. 서툰 히브리어 대사에도 불구하고 이스라엘 청중은 뜨거운 박수로 화답해 줬다. 무엇보다 변사를 세운 것이 효과적이었다.

류모세 선교사가 성경을 위한 변사로 나섰다. 이스라엘 사람들이 춘향전을 이해하려면 조선시대의 문화와 풍습을 알아야 하듯이, 성경을 이해하려면 당연히 이스라엘의 문화와 풍습을 알아야 한다. 그런 점에서 《열린다 성경》은 성경과 한국의 독자 사이에 있는 문화적 간극을 연결해 준다. 이번에 출간한 《열린다 성경》 시리즈 5, 6권은 '생활풍습 이야기'다. 이 책을 읽다 보면 어려웠던 성경이 쉽고 재미있어진다. 생활풍습 이야기가 흥미로워서 성경을 더 읽어 보고 싶고 더 공부하고 싶어진다. 나도 모르게 무릎을 치게 되고 머리를 끄덕이게 된다. 말씀을 사랑하게 된다. 무지했던 영혼에 한 줄기 빛이 들어오는 느낌이다. 왜 그럴까? 무엇보다 쉽고 재미있기 때문이다. 게다가 성경시대 이스라엘의 생활 풍습에 대한 알찬 정보가 다 들어 있기 때문이다.

이 책을 읽다 보면 평소 궁금했던 성경의 내용이 저절로 이해되고 불분명했던 부분이 분명하게 깨달아진다. 이는 저자가 대학생 선교단체에서 8년간 성경을 가르친 경험과 이스라엘에서 한 10년 사역과 무관하지 않다. 주님을 사랑하기에 성경을 가르쳤고, 성경을 더 잘 알기 위하여 이스라엘 문화를 연구한 저자의 삶이 녹아 있는 이 책 《열린다 성경》 시리즈를 필독서로 추천한다.

권준_시애틀형제교회 담임목사

《열린다 성경》을 읽다 보면 어두컴컴한 곳에서 무언가를 찾으려 애쓰다가 갑자기 환한 빛이 들어와 사물이 명료해지는 느낌이 든다. 2000년 전, 우리와 풍습도 언어도 환경도 다른 곳에서 살았던 성경 속 사람들의 이야기를 21세기 우리의 사고방식으로 이해하는 데는 한계가 따르게 마련이다. 그래서 때로 성경이 우리에게 들려주고자 하는 깊은 메시지를 놓치는 경우가 많다. 《열린다 성경》은 성경 안에 숨겨진 그림 조각들을 맞추는 재미를 준다. 작은 조각 하나를 찾아낼 때마다 큰 그림의 윤곽이 서서히 드러나는 것처럼, 《열린다 성경》은 성경 속에 숨겨진 조각들을 찾아 큰 성경을 이해하도록 안내하는 밝은 빛이 되어 줄 것이다.

김윤희_횃불트리니티신학대학원대학교 구약학 교수

그동안 성경이 2차원의 세계로 보였다면 '생활풍습 이야기'는 우리를 3차원의 세계로 인도한다. 성경 인물들이 우리 삶 속으로 바싹 다가온다. 겉옷, 속옷, 신발, 보석, 장신구, 화폐 등 우리도 날마다 접하는 아이

템들이 성경 속의 이야기와 얽히고설켜 영적인 메시지를 전달한다는 사실에 저절로 감탄이 나온다. 흑백의 스크린에 컬러를 입히는 것처럼, 맨얼굴에 화장을 해 입체감을 주는 것처럼 성경의 생기가 느껴진다. '생활풍습 이야기'는 일단 흥미롭고 재미있다. 유익하면서도 영적인 메시지를 놓치지 않는다. 이 책을 읽으면 계속 고개를 끄덕끄덕 하면서 "아하 그렇구나!"를 연발하게 될 것이다.

유기성_선한목자교회 담임목사

누구나 하나님을 경험하는 순간, "할렐루야!" 손뼉 치며 탄성을 지르듯, 《열린다 성경-생활풍습 이야기》에는 "아, 그렇구나!" 하며 무릎을 탁 치는 감동이 있다. 이 감동은 우리로 하여금 말씀을 가까이하게 만든다. 《열린다 성경》은 성경과 우리를 이어주는 '다리'(The Bridge)로써 충분하다.

이애실_생터성경사역원 대표, 출판사 성경방 대표, 다애교회 사모

바닷속을 들여다보다 얼핏 돌멩이지 싶었는데, 탁~ 떼어 보니 전복이더라~. 크, 이럴 때 진짜 재미나고 신기하다. 땅 속에 돌덩이 같은 게 묻혀 있는 줄 알았는데, 막상 파 보니, 와~ 보석이네. 이럴 때는 저절로 탄성이 나오고 좋아서 온몸에 엔도르핀이 힘차게 돌아간다.

이번에도 류모세 선교사가 엄청 고생해서 전복과 보석들을 캐 오셨다. 아무런 의미도 없어 보였던 옷과 신발끈, 장례식 풍경, 물고기, 돈, 소금, 빵, 농사짓기에 값진 보석이 숨어 있고, 맛있고 몸에 좋은 전복이 있었던 것이다.

사실 그동안 이런 류의 책이 나오지 않은 게 아니다. 단지 어렵게 써 놓은 게 문제였다. 그런데 그저 '왜 그럴까?' 하고 지나쳤던 궁금증을 슬쩍슬쩍 건드리니 잠자고 있던 성경 식욕이 꼬르르르륵 소리를 낸다.

일단 재밌다. 성경을 맛있게 먹고 싶게 만드는 애피타이저다.

어? 침이 고이네!

이재훈_온누리교회 양재성전 담당목사

류모세 선교사가 또 연타석 홈런을 쳤다. 성경시대와 오늘을 연결하려는 그의 부단한 노력이 귀한 열매를 맺고 있는 것이다.

앞서 출간한 책과 마찬가지로 성경의 각 부분을 이해하는 데 꼭 필요한 질문을 던지고 간단하면서도 정확하게 답해 가는 서술 방식은 우리를 성경시대 속으로 흥미진진하게 안내해 준다. 이제 류 선교사의 책들은 1권 출간 이후부터 내가 설교를 준비하거나 묵상할 때 늘 곁에 두고 참고하는 책이 되었다.

성경을 깊이 묵상하기 위해서는 오감으로 읽어야 한다. 이를 위해서는 성경시대의 생활풍습에 대한 이해가 단순한 정보 정도가 아니라 생활 속에서 적용이 가능한 수준에까지 이르러야 한다. 《열린다 성경–생활풍습 이야기》는 정보 제공에 머물지 않고 성경시대의 진리를 우리의 삶 속으로 이끌어 오는 힘이 있다. 이 책이 성경 구석구석에 숨겨진 보배로운 진리들을 캐내는 데 탁월한 도구가 되어 줄 것이다.

| 차 례 |

성서시대 사람들은 어떻게 살았을까?

성서시대 사람들이 어떻게 살았는지에 대한 물음은 성경을 보는 우리의 시각에 적지 않은 변화를 초래한다. 많은 경우 '성경'은 그 앞에 써 있는 '성'(聖), 즉 'Holy'라는 단어 때문에 우리에게 주는 고정된 이미지가 있는 게 사실이다.

성경을 기록한 저자들은 우리와는 다른 특별한 사람일까?

다윗, 요셉, 다니엘 등 성경에 등장하는 사람들은 태어날 때부터 우리와는 다른 '거룩'이라는 유전자를 갖고 태어난 사람일까?

물론, 하나님의 특별한 선택을 받아 성령의 영감으로 성경을 기록할 수 있는 은혜를 입은 성경 저자들과 성경의 무대 속에 등장하는 위대한 주인공들을 폄하하려는 의도는 전혀 없다. 그들을 하나님의 사람으로 인정하고 존경하며 그들을 통해 기록된 성경을 '하나님의 말씀'으로 믿지만, 우리가 기억해야 할 사실은 그들도 우리와 "성정(性情)이 같은"(약 5:17) 연약한 사람들이었다는 것이다. 심지어 '하나님의 마음에 합한 사람'으로 불린 다윗 왕도 밧세바를 범한 불륜의 죄를 저지르지 않았던가!

이런 사실을 기억할 때, 우리는 성경에 나오는 이야기들을 보면서 억

지로 오늘날 나에게 주는 영적인 교훈을 끄집어 내려고 바둥대지 않아도 된다. 당시의 상황과 삶의 현장 속으로 자연스럽게 들어갈 수 있는 발상의 전환만 이루어진다면, 오늘을 살아가는 나에게 주는 영적인 교훈과 메시지를 큰 무리 없이 터득할 수 있다.

이것은 마치 여름방학 숙제로 몇 권의 독후감을 써야 하는 학생이 방학을 이래저래 다 보내고 개학이 임박한 상황에서 숙제를 헐레벌떡 하는 상황과 비교할 수 있다. 시간에 쫓기는 학생은 책을 읽기 전에 독후감을 쓸 생각부터 하게 된다. 책의 흥미진진한 이야기 속으로 빨려 들어가 스릴을 만끽하는 것은 이미 뒷전이다. 오직 개학 전에 그럴듯한 독후감을 완성하는 것에만 관심을 집중한다.

우리는 오늘날 성경을 접하면서 위의 학생과 비슷한 상황에 빠지지는 않는지 돌아볼 필요가 있다. 평신도들은 '큐티'를 위해 성경을 보는 경우가 많다. 목회자들은 새벽예배, 수요예배, 주일예배 등 끊임없이 이어지는 '설교' 준비를 위해 성경을 본다. 그러다 보면 성경의 흥미진진한 이야기 속으로 빨려 들어가는 것이 뒷전이 될 때가 있다.

책을 흥미롭게 읽다 보면 독후감이 자연스럽게 써지듯이, 큐티와 설교 준비도 성경의 바다 속에 흠뻑 빠지다 보면 저절로 우러나오는 흥미진진한 작업이어야 하지 않을까?

성경은 이스라엘 땅을 역사적 무대로 1500여 년의 긴 세월 동안 다양한 주인공이 등장하는 무척이나 스펙터클한 드라마다. 이 박진감 넘치고 흥미진진한 스펙터클을 느끼고 즐길 수만 있다면 큐티와 설교 준비만큼 심장을 뛰게 하는 시간도 없을 것이다.

성경은 구약과 신약을 막론하고 이스라엘 사람들의 역사 이야기다. 후대의 사람들에게는 '역사'로 읽히지만 당시 사람들에게는 매일매일 일어나는 일상이었을 뿐이다. 때로는 지루하고, 때로는 무의미하게, 또 때로는 상당한 의미를 갖는 삶의 현장이었던 것이다.

《열린다 성경》 시리즈의 5, 6권을 '생활풍습 이야기'로 정하고 집필을 시작한 것은 상당히 오래전의 일이다. 그만큼 이 주제는 내게 흥미롭게 다가왔다. '성서시대 사람들은 무엇을 먹고, 어떤 옷을 입고, 어떤 집에서 살았을까?' 하는 원초적인 질문이 이 책을 집필하게 된 동기였다. 그들도 성경에 등장하는 위대한 영웅이기 전에, 우리와 성정이 같은 사람임을 알기에 그들의 생활 현장으로 최대한 가깝게 접근하고 싶었다.

역사를 다룰 때 가장 어려운 것은 '고증'이다. 아울러 '성서시대'라고 정의했지만, 아브라함부터 예수님 시절에 이르기까지 무려 1500년 이상을 아우르는 포괄적인 시대다. 쉽지 않은 작업이었지만 이런 문제들을 앞서 고민한 학자들의 많은 책들이 나에게 큰 도움을 주었다. 특별히 한 문장 한 문장 써 내려갈 때마다 지혜를 주시는 성령님께 큰 빚을 졌다.

성서시대 생활풍습을 다룬 책들이 대부분 영어로 씌어진 원서인데다 전문가를 위한 어려운 책들이 대부분이었지만, 하나님이 나에게 주신 능력을 최대한 쏟아서 쉽고 재미있게 쓰려고 노력했다.

이제 생활풍습 이야기를 통해 '성서시대 체험 삶의 현장' 속으로 들어가 보자. 부디 즐거운 여행이 되기를 바란다.

이스라엘에서
류모세

CHAPTER

01

성서시대에는 무엇으로 옷을 만들었을까?

옷감을 만드는 재료들

너희는 내 규례를 지킬지어다 네 가축을 다른 종류와 교미시키지 말며 네 밭에 두 종자를 섞어 뿌리지 말며 두 재료로 직조한 옷을 입지 말지며 _레 19:19

네 포도원에 두 종자를 섞어 뿌리지 말라 그리하면 네가 뿌린 씨의 열매와 포도원의 소산을 다 빼앗길까 하노라 너는 소와 나귀를 겨리하여 갈지 말며 양털과 베실로 섞어 짠 것을 입지 말지니라

_신 22:9-11

동물의 교잡과 식물의 이종 교배, 두 종류의 재료로 짠 옷에 대한 금지 명령은 현대인들로서는 쉽게 수긍하기 어렵다. 이 말씀을 오늘날에 그대로 적용한다면 합성섬유로 된 옷이나 이종 교배의 유전자 조작 등이 모두 금지 사항이 된다. 대략 주전 1500년 전의 문화와 시대적 배경 속에서 탄생한 모세의 율법 조항들을 현대에 와서 문자적으로 적용한다면 상당한 무리가 따를 수밖에 없다. 그러나 각각의 율법이 가진 특별한 의미를 이해한다면 말씀을 좀 더 진지하게 묵상할 수 있을 것이다.

율법은 양털과 베실이 혼합된 옷을 금지하고 있다. 이유가 무엇일까? 그리고 성서시대에는 옷감을 만드는 데 어떤 재료들을 사용했을까?

율법은 왜 '혼합'을 금지했을까?

레위기와 신명기의 본문 말씀들을 한마디로 규정한다면 '혼합'에 대한 금지 명령이라고 할 수 있다. 두 종류의 동물을 상호 교잡하는 것, 두 종류의 식물을 상호 교배하는 것, 두 종류의 재료로 직조한 옷감으로 옷을 만드는 것 등 모두 '혼합'(heterogeneousness)에 대한 철저한 금기를 다루고 있다. 그러면 왜 모세의 율법은 '혼합'을 금지시켰을까? 이에 대한 확실한 이유는 알 수 없으나 몇 가지 설득력 있는 학자들의 제안을 살펴보면 다음과 같다.

첫째, 각기 다른 부류의 피조물을 존중하라는 의미라는 것이다. 하나님은 '각기 종류대로' 피조물을 만드셨는데, 이것을 인간의 필요에 의해 함부로 섞는 것은 창조 질서를 어지럽히는 행동으로 여겼다는 것이다.

> 하나님이 이르시되 땅은 풀과 씨 맺는 채소와 각기 종류대로 씨 가진 열매 맺는 나무를 내라 하시니 그대로 되어 땅이 풀과 각기 종류대로 씨 맺는 채소와 각기 종류대로 씨 가진 열매 맺는 나무를 내니 하나님이 보시기에 좋았더라 _창 1:11-12

둘째, 특정한 혼합은 신성한 용도만을 위해서 엄격하게 제한되었다는 것이다. 예를 들어 양털과 베실을 섞은 것은 성막과 대제사장의 겉옷에만 구별되어 사용되었고, 백성은 두 가지 천을 혼용할 수 없도록 철저하게 금지했다는 것이다.

셋째, 혼합은 고대 근동의 이교적인 문화에서 보편적으로 행해졌는데, 이러한 혼합을 철저하게 금지함으로써 하나님의 거룩하고 순수한 백성으로서 이스라엘을 구별시키기 위함이라는 것이다. 혼합이 철저히 금지된 이스라엘과는 달리, 고대 근동의 이교도 사회에서는 종종 혼합이 거룩의 상징으로 표현되었다.

옷감을 만드는 재료들

양털과 양털 깎는 축제일

양털은 이스라엘 경제에서 매우 중요했는데, 양을 키우는 주된 목적 역시 고기보다는 양털과 우유를 얻는 데 있었다. 이스라엘의 동쪽에 위치한 메소포타미아 지방은 양털이, 서쪽에 위치한 이집트 지방은 세마포가 옷감의 주된 원료였다. 한 마리의 양은 죽을 때까지 1kg의 양털을 제공했다.

양털은 고대 근동 지방에서 국가 간의 주요한 조공물 중 하나였다. 북이스라엘 아합 왕의 속국으로 전락한 모압 왕 메사는 매년 아합 왕에게 양털을 조공으로 바쳤다.

> 모압 왕 메사는 양을 치는 자라 새끼 양 십만 마리의 털과 숫양 십만 마리의 털을 이스라엘 왕에게 바치더니 _왕하 3:4

양털 깎는 의식은 보통 유월절이 지난 초여름에 행했는데, 곡물 추수와 마찬가지로 많은 일꾼이 필요했으므로 축제일로 모여서 일손을 덜곤 했다.

양털 깎는 축제와 관련된 성경의 사건 중 다윗과 압살롬과 관련된 이야기가 유명하다.

다윗은 사울을 피해 유대 광야를 헤매는 기약 없는 도망자 신세가 되었다. 이런 다윗을 따르는 추종자들이 600명이나 되었는데, 광야의 환경에서 이처럼 많은 무리가 먹거리를 어떻게 해결했을까 하는 궁금증이 생긴다. 갈멜의 부자인 나발과 관련된 이야기는 다윗이 식량을 어떻게 조달했는지 그 한 가지 방법을 잘 보여 준다.

> 마온에 한 사람이 있는데 그의 생업이 갈멜에 있고 심히 부하여 양이 삼천 마리요 염소가 천 마리이므로 그가 갈멜에서 그의 양 털을 깎고 있었으니 _삼상 25:2

나발이 터줏대감으로 있던 갈멜은 헤브론에서 남동쪽으로 13km 떨어진 광야 한복판에 있다. 이곳은 야생 동물과 각종 부랑자들이 우글거리는 소굴이었다. 다윗은 자신의 추종자들과 함께 나발의 목자들이 양 떼를 먹일 때 든든한 보호막이 되어 준 듯하다. 나발이 양털 깎는 축제를 벌인다는 소문을 듣고 다윗은 소년들을 보내 그동안 자신들의 노고를 기억하고 그 보수로 한몫 단단히 떼어 줄 것을 기대했다.

다윗이 이에 소년 열 명을 보내며 그 소년들에게 이르되 너희는 갈멜로 올라가 나발에게 이르러 내 이름으로 그에게 문안하고 그 부하게 사는 자에게 이르기를 너는 평강하라 네 집도 평강하라 네 소유의 모든 것도 평강하라 네게 양 털 깎는 자들이 있다 함을 이제 내가 들었노라 네 목자들이 우리와 함께 있었으나 우리가 그들을 해하지 아니하였고 그들이 갈멜에 있는 동안에 그들의 것을 하나도 잃지 아니하였나니 네 소년들에게 물으면 그들이 네게 말하리라 그런즉 내 소년들이 네게 은혜를 얻게 하라 우리가 좋은 날에 왔은즉 네 손에 있는 대로 네 종들과 네 아들 다윗에게 주기를 원하노라 하더라 하라 _삼상 25:5-8

양털 깎는 축제 날에 목자들은 양과 염소들을 주인에게 안전하게 넘겨주면서 그간의 보수를 받곤 했다. 다윗도 위험한 곳에서 양들을 친 나발의 목자들을 보호해 주며 나름대로 중요한 역할을 했기에 수고에 대한 합당한 수당을 요구한 것이다. 하지만 나발은 다윗의 요청을 일축했고 오히려 모욕하기까지 했다.

아버지 다윗에 대항해 반란을 일으킨 압살롬과 관련된 이야기에서도 양털 깎는 축제가 나온다. 압살롬이 아버지 다윗에게 쓴뿌리를 품고 결국 쿠데타까지 감행하게 된 것은, 자신의 누이인 다말을 욕보인 이복 형제 암논과 암논을 적절하게 치리하지 않은 다윗에 대한 불만에서 시작된 것으로 보인다.

압살롬은 2년의 시간 동안 다윗의 처사를 기다렸지만 아무런 조치가 없자 자신이 직접 암논을 처단할 계획을 주도면밀하게 세운다. 압살롬은 자신의 양털 깎는 축제에 왕자들을 모두 초청했다.

> 만 이 년 후에 에브라임 곁 바알하솔에서 압살롬이 양 털을 깎는 일이 있으매 압살롬이 왕의 모든 아들을 청하고 _삼하 13:23

압살롬은 그 자리에 참석한 암논을 죽이고 자신의 외할아버지가 있는 그술 지방으로 도망가 3년간 망명 생활을 했다.

세마포와 꺼져 가는 심지

양털과 함께 성서시대 이스라엘에서 중요한 옷감 재료였던 세마포(linen)는 아마(flax)의 줄기에서 뽑아낸 섬유였다. 아마는 습지에서 자라는데 이집트 산이 최고의 상품으로 간주되었다. 비가 아닌 강물을 끌어들인 관개 기술로 재배한 아마가 최상품이었는데, 이집트는 나일 강을 따라 주전 4500년부터 아마를 재배하기 시작했다. 이집트 왕인 바로의 시체는 부패를 방지하는 미이라 처리를 한 후 엄청난 양의 세마포 천으로 싸서 장례식을 거행했다.

세마포 천으로 시체를 싸는 풍습은 이스라엘에도 전해졌는데, 예수님의 시체도 세마포로 쌌다.

> 이에 예수의 시체를 가져다가 유대인의 장례 법대로 그 향품과 함께 세마포로 쌌더라 _요 19:40

• 양털을 깎은 후 깨끗이 털을 씻는 베두인 여성

신이 이집트에 내려준 최고의 선물 나일 강, 그 강변에서 자라는 아마 줄기로 만든 세마포는 이집트가 자랑하는 최고의 특산품이었다.

이스라엘이 출애굽할 때 이집트에 내린 열 가지 재앙은 그 하나하나가 이집트가 섬기던 신들과 이집트를 대표하는 것들과 관련되었다. 출애굽기 기자는 우박 재앙으로 인해 나일 강변에서 자라던 아마(삼)의 꽃, 즉 이집트의 자랑이요 프라이드가 치명상을 입은 것을 기록하고 있다.

그때에 보리는 이삭이 나왔고 삼은 꽃이 피었으므로 삼(아마)과 보리가 상하였으나 그러나 밀과 쌀보리는 자라지 아니한 고로 상하지

● 나일 강변에서 자라던 아마

아니하였더라 _출 9:31-32

이사야 선지자는 나일 강물이 줄어들면서 그 주변에서 자라는 아마를 이용해 세마포 천을 만드는 자들이 근심하게 될 것을 경고하면서 이집트에 내릴 하나님의 심판을 예언하고 있다.

강들에서는 악취가 나겠고 애굽의 강물은 줄어들고 마르므로 갈대와 부들이 시들겠으며 _사 19:6

세마포를 만드는 자와 베 짜는 자들이 수치를 당할 것이며 그의 기둥이 부숴지고 품꾼들이 다 마음에 근심하리라 _사 19:9-10

비록 이집트산과 같은 최상품은 아닐지라도 이스라엘에서도 아마 재배가 이루어졌다. 사시사철 따뜻한 여리고를 중심으로 아마를 재배했는데, 처음에는 세마포 천이 아니라 아마 씨를 짜서 얻는 기름이 아마를 재배하는 주된 목적이었다. 올리브 기름이 알려지기 전까지 아마 씨의 기름은 고대 이스라엘에서 더 일반적이었다.

이후 아마 줄기에서 섬유(fiber)를 얻어 세마포 천을 만드는 것이 보편적으로 퍼지기 시작했다. 아마 씨가 씨낭에 가득 찰 즈음에 뿌리째 뽑아 물에 일정 시간 담근 후 뻣뻣한 줄기를 부드럽게 한다. 이후 햇빛에 말렸는데, 성서시대 이스라엘에서는 주로 지붕에서 아마의 줄기를 말렸다.

여호수아의 명령을 받고 여리고에 침투한 두 명의 정탐꾼은 여리고 성벽에 있는 기생 라합의 집에 유숙했다. 이스라엘의 침투를 예상해 경계를 게을리하지 않던 수비대는 결국 정탐꾼의 침투를 눈치챘고 라합의 집을 급습했다. 이때 라합은 정탐꾼들을 지붕 위에서 말리고 있던 '삼대'(아마의 줄기) 속에 숨겨 주었다.

그가 이미 그들을 이끌고 지붕에 올라가서 그 지붕에 벌여 놓은 삼대에 숨겼더라 _수 2:6

아마의 줄기는 말려서 세마포 천으로 사용하는데, 긴 섬유(fiber)는 실로 만들 수 있지만 부러지거나 짧은 아마의 섬유는 올리브 램프의 심지로 사용했다. 이사야가 언급한 '꺼져 가는 등불'에서 '등불'은 히브리어로 '피슈타'(פישתה)라고 하는데, 이것은 아마 섬유를 가리킨다. 또한 마태가 언급한 '꺼져 가는 심지'에서 '심지'는 헬라어로 '리논'(*λίνον*)이라고 하는데, 이것 역시 아마 섬유를 가리킨다. 신구약 시대를 걸쳐 아마 섬유는 올리브 램프의 심지로 사용된 것이다.

상한 갈대를 꺾지 아니하며 꺼져 가는 등불을 끄지 아니하고 진실로 정의를 시행할 것이며 _사 42:3

상한 갈대를 꺾지 아니하며 꺼져 가는 심지를 끄지 아니하기를 심판하여 이길 때까지 하리니 _마 12:20

역대기 저자가 기록한 유다의 자손 가운데 세마포 짜는 집으로 유명한 아스베야의 집이 나온다.

유다의 아들 셀라의 자손은 레가의 아버지 에르와 마레사의 아버지 라아다와 세마포 짜는 자의 집 곧 아스베야의 집 종족과 _대상 4:21

평민이 입던 양털 옷과 달리 세마포 천으로 만든 베옷은 가격이 비싸 상류층이 입었다. 잠언에 등장하는 현숙한 여인도 세마포 옷을 입는 귀부인으로 묘사되어 있다.

그는 자기를 위하여 아름다운 이불을 지으며 세마포와 자색 옷을 입으며 _잠 31:22

실뽑기와 옷감 짜는 베틀

실뽑기

실뽑기(spinning)는 집 안에서 여자들이 하던 일이었다. 실뽑기에 사용되는 재료에는 양털, 염소털, 아마 등이 있었는데, 가장 수월한 재료는 아마였다. 성막 안의 수많은 휘장(curtain)에 쓰일 다양한 색깔의 실을 만드는 데도 여인들의 역할이 중요했다.

마음이 슬기로운 모든 여인은 손수 실을 빼고 그 뺀 청색 자색 홍색 실과 가는 베실을 가져왔으며 마음에 감동을 받아 슬기로운 모든 여인은 염소 털로 실을 뽑았으며 _출 35:25–26

실을 뽑기 위해서는 실톳대(distaff)와 가락(spindle)이 필요했다. 잠언에 나오는 현숙한 여인의 여러 가지 일들 가운데 실톳대와 가락을 가지고 실을 뽑는 작업이 나온다.

손으로 솜뭉치(distaff)를 들고 손가락으로 가락(spindle)을 잡으며 _잠 31:19

옷감 짜는 베틀

뽑아낸 실을 이용해 옷감을 짜는 베틀은 주전 7000년부터 사용되었을 정도로 오랜 역사를 자랑한다. 베틀은 땅바닥에 눕혀서 사용하는 수평형(horizontal) 베틀과 세워서 사용하는 수직형(vertical) 베틀이 있다. 수평형 베틀이 먼저 사용되었고 고대 근동 지방에서 보편적이었다. 오늘날도 사막에서 유랑 생활을 하는 베두인들의 텐트를 방문하면 수평형 베틀을 이용해 옷감을 짜는 모습을 볼 수 있다.

이스라엘에서는 수평형보다 수직형 베틀이 보편적이었다. 수직형 베틀은 2개의 수직 막대기와 1개의 수평 막대기로 구성되었다. 수평 막대기에 날줄을 줄줄이 매달고, 날줄을 탱탱하게 유지시키기 위해 끝에 방추돌(loom weight)을 매달았다. 베틀 채(weaver's beam)를 올렸다 내렸다 반복

• 실톳대와 가락으로 실을 뽑는 여인

수평형 베틀에서 옷감을 짜는 여인

수직형 베틀에서 옷감을 짜는 여인

함으로써 날줄이 서로 엉키지 않도록 했다.

1. 골리앗과 베틀 채

베틀 채는 골리앗이 들고 있던 창자루를 묘사할 때 나온다. 다윗과 골리앗의 전쟁으로 유명한 '엘라 골짜기 전투'는 사실상 이미 블레셋 쪽의 승리가 보장된 싸움이었다. 사울이 통치하던 이스라엘은 청동기 문명에 속한 후발주자였고, 그에 대항하는 블레셋은 당시로서는 최첨단인 철기 문명에 속한 선두주자였다.

한쪽은 1차 대전 당시 무기로 싸우고 다른 한쪽은 2차 대전 당시 무기로 싸운다면 어느 쪽이 승리할지는 자명하지 않겠는가! 하나님은 다윗을 통해 도저히 이길 수 없는 전투에서 승리를 주심으로써 친히 영광을 받으셨다. 당시 블레셋과 이스라엘의 무기 현황은 사무엘서 말씀을 통해서도 확인할 수 있다.

> 그때에 이스라엘 온 땅에 철공이 없었으니 이는 블레셋 사람들이 말하기를 히브리 사람이 칼이나 창을 만들까 두렵다 하였음이라 온 이스라엘 사람들이 각기 보습이나 삽이나 도끼나 괭이를 벼리려면 블레셋 사람들에게로 내려갔었는데 곧 그들이 괭이나 삽이나 쇠스랑이나 도끼나 쇠채찍이 무딜 때에 그리하였으므로 싸우는 날에 사울과 요나단과 함께 한 백성의 손에는 칼이나 창이 없고 오직 사울과 그의 아들 요나단에게만 있었더라 _삼상 13:19-22

제대로 된 철제무기는 사울과 요나단, 사울을 지키는 군대 장관인 아브넬과 몇몇 휘하 장수들에게만 있었고, 대부분의 이스라엘 군사들은 집에서 사용하던 청동기 농기구를 들고 나왔다. 이러한 이스라엘 사람들 눈에 골리앗이 들고 나온 창과 방패는 감히 형용할 수조차 없는 최첨단 무기였다. 성경 기자는 골리앗의 창자루를 '베틀 채'에 비유하였다. 난생처음 보는 요상막측한 무기를 묘사하는 데 이스라엘 사람들의 생필품 중 하나인 베틀 채를 사용한 것은 양측의 극단적인 상황을 잘 나타내 준다.

그 창 자루는 베틀 채 같고 창 날은 철 육백 세겔이며 방패 든 자가 앞서 행하더라 _삼상 17:7

베들레헴 출신인 다윗에 의해 골리앗이 죽었던 것처럼, 골리앗의 동생인 라흐미도 베들레헴 출신의 장군인 엘하난에 의해 죽임을 당했다. 라흐미가 들고 있던 창자루 역시 베틀 채에 비유되었다. 최첨단 무기로 무장한 골리앗과 라흐미도 하나님의 군대 앞에서는 '베틀 채'처럼 무력하게 무너지고 만 것이다.

또다시 블레셋 사람과 곱에서 전쟁할 때에 베들레헴 사람 야레오르김의 아들 엘하난은 가드 골리앗의 아우 라흐미를 죽였는데 그 자의 창 자루는 베틀 채 같았더라 _삼하 21:19

2. 삼손과 들릴라의 러브 스토리에 나오는 베틀

이스라엘에서 소렉 골짜기에 있는 '딤나'는 옷감 짜기로 유명한 도시였다. 천하장사 삼손을 유혹한 소렉 골짜기 출신의 들릴라 이야기에도 옷감 짜기를 배경으로 하는 이야기가 나온다.

이후에 삼손이 소렉 골짜기의 들릴라라 이름하는 여인을 사랑하매 _삿 16:4

들릴라는 블레셋 쪽에 매수되어 천하무적 삼손의 힘이 과연 어디서 나오는 것인지, 그리고 그 힘을 무력화할 수 있는 방법은 무엇인지를 캐내는 임무를 부여 받았다. 애교를 섞어 가며 치근대는 들릴라의 요구에 삼손은 자신의 힘을 무력화할 수 있는 비밀을 알려주고 만다. 하지만 이것은 분명 거짓 정보였다.

삼손은 자신의 머리카락 7개를 날실에 섞어서 짜면 자신에게 있는 초능력의 힘이 빠질 것이라고 둘러댔다. 물론 들릴라가 실제로 그것을 실행에 옮기리라고는 예상하지 않았을 것이다.

들릴라가 삼손에게 이르되 당신이 이때까지 나를 희롱하여 내게 거짓말을 하였도다 내가 무엇으로 당신을 결박할 수 있을는지 내게 말하라 삼손이 그에게 이르되 그대가 만일 나의 머리털 일곱 가닥을 베틀의 날실에 섞어 짜면 되리라 하는지라 _삿 16:13

땅바닥에 앉아 삼손을 자신의 허벅지에 눕혀 놓고 들릴라는 삼손의 귓불을 만져 주며 그가 잠들기만을 기다렸다. 사랑하는 애첩의 허벅지를 베개 삼아 단잠을 자고 있는 삼손과 그 옆에 수직형 베틀을 세워 놓고 작전을 수행하고 있는 들릴라의 모습이 머릿속에 그려지는가?

잠자고 있는 삼손의 긴 머리카락을 옆에 세워 둔 수직형 베틀의 촘촘한 날줄 사이로 씨줄과 함께 섞어서 짜는 일은 들릴라에게는 '누워서 떡 먹기'처럼 쉬운 것이었다. 옷감 짜기로 유명한 딤나가 위치한 소렉 골짜기 출신의 들릴라 역시 베틀 작업에 있어서는 둘째가라면 서러워할 전문가가 아니었겠는가! 그러나 아쉽게도 이 작전은 실패로 돌아갔고, 허위 정보였음이 금세 들통나고 만다.

> 들릴라가 바디로 그 머리털을 단단히 짜고 그에게 이르되 삼손이여 블레셋 사람들이 당신에게 들이닥쳤느니라 하니 삼손이 잠을 깨어 베틀의 바디와 날실을 다 빼내니라 _삿 16:14

3. 히스기야와 베틀 실

히스기야 왕은 병들어 죽게 되었지만 간절히 기도한 결과 15년의 수명을 연장 받는 축복을 받았다. 히스기야는 병이 낫고 난 후 글을 기록했는데, 거기에서 인생의 마침을 베틀에서 옷감을 짜는 것에 비유하고 있다. 죽음을 베틀에서 옷감을 다 짜고 난 후에 옷감과 베틀을 연결했던 실을 잘라 내는 것에 비유한 것이다. 히스기야는 '인생'의 옷감이 완성되었기 때문에 이제 생명의 땅을 떠나야 했지만, 하나님의 특별한 은혜로

덤으로 15년을 선물로 받은 것이다.

나의 거처는 목자의 장막을 걷음같이 나를 떠나 옮겨졌고 직공이 베를 걷어 말음같이 내가 내 생명을 말았도다 주께서 나를 틀에서 끊으시리니 조석간에 나를 끝내시리라 _사 38:12

CHAPTER

02

성서시대에는 어떻게 빨래를 했을까?

옷감 세탁과 세제

• 옷감을 발로 밟는 세탁업자들

그 옷이 광채가 나며 세상에서 빨래하는 자가 그렇게 희게 할 수 없을 만큼 매우 희어졌더라 _막 9:3

베드로, 요한, 야고보 세 명의 수제자 그룹만 데리고 변화산 정상에 올라간 예수님은 그곳에서 형용할 수 없는 영광스런 모습으로 자신을 드러내셨다. 구약시대를 대표하는 두 거장인 모세, 엘리야와 함께 나타나신 예수님은 특별히 광채 나는 흰옷을 입고 계셨다. 저자 마가는 예수님이 입으신 흰옷을 "세상에서 빨래하는 자가 그렇게 희게 할 수 없을 만큼" 희다고 묘사하고 있다.

오늘날 '세탁업자' 하면 주변에서 흔히 볼 수 있는 친근한 직업이다. 미국으로 이민 간 많은 한국인들이 세탁소를 기반으로 정착에 성공하는 경우를 본다. 오늘날과 같은 다양한 옷감, 다양한 세제, 다양한 세탁 기술이 없던 성서시대에 세탁업자들의 역할과 그들이 사용하던 세제는 무엇이었을까? 성서시대의 세탁 방법과 그 세제에 대해 알아보자.

세탁업자, 발로 밟는 자

예나 지금이나 '세탁'이라는 동일한 단어를 사용하지만 성서시대의 세탁업자는 오늘날의 세탁소와는 조금 다르다. 베틀에서 막 짠 옷감은 뻣뻣해서 보기에도 별로 매력적인 상태가 아니었다. 이런 옷감은 세탁자의 손을 통해 특별한 가공 단계를 거치게 된다. 세마포 천은 수축시켜 유연하게 하고 양모 천은 충분히 두텁게 해서 옷감이 되도록 만드는 것이 바로 세탁업자가 한 일이었다.

세탁업자는 히브리어로 '코베쓰'(כובס)라고 하는데, 이는 '발로 밟는 자'를 뜻한다. 베틀에서 막 나온 원시적인 옷감을 물이 가득 채워진 욕조에 넣고 발로 밟아 묵은 때를 빼는 작업에서부터 세탁 일이 시작되기 때문이다.

이사야와 아하스 그리고 세탁자의 밭

옷감을 발로 밟아 깨끗이 씻으려면 많은 물이 필요했기 때문에 세탁 일은 샘과 같은 물 근원이 가까운 곳에서 이루어졌다. 또한 세탁에서 사용하는 세제들에서 불쾌한 냄새가 나거나 깨끗이 세탁한 천을 햇빛에 말리려면 넓은 들이 필요했기 때문에 세탁일은 인가에서 멀리 떨어진 성 밖에서 이루어졌다.

흔히 '세탁자의 밭'으로 알려진 이곳은 이사야 선지자와 남유다의 아하스 왕이 만난 장소로도 유명하다.

그때에 여호와께서 이사야에게 이르시되 너(이사야)와 네 아들 스알야숩은 윗못 수도 끝 세탁자의 밭 큰 길에 나가서 아하스를 만나
_사 7:3

아하스 왕은 북이스라엘 왕인 베가와 아람 왕인 르신이 연합해서 남유다를 침공하려던 국가적 위기 상황에서 아시리아의 디글랏빌레셀을 의지하고자 했다. 하나님은 이런 아하스에게 선지자 이사야를 보내 아시리아가 아닌 이스라엘의 하나님을 의지하도록 권면하셨다.

아하스와 이사야가 만난 윗못 수도 끝에 있던 세탁자의 밭은 현재의 베데스다 못가로 추정된다. 당시에는 주로 포위 공격을 했기 때문에 성 안에서 장기간 수비하며 버티려면 충분한 곡식과 물이 가장 중요했다. 이사야가 아하스에게 하나님을 의지해 결사 항전할 것을 권면하려 했다면 윗못 수도의 세탁자의 밭은 만남의 장소로서 매우 적합했다. 그곳에서 북이스라엘과 아람 연합군의 포위 공격에 대비해 물 공급 체계를 함께 고민할 수 있기 때문이다.

아하스와 이사야가 만난 세탁자의 밭은 한 세대가 지나 아하스의 아들인 히스기야 왕 때 다시 등장한다. 이미 아시리아는 북이스라엘과 아람을 멸망시키고 이제 남은 유다를 정복하기 위해 산헤립이 직접 군사를 이끌고 출정했다. 산헤립은 전쟁 사령관인 랍사게를 보내 동일한 장소인 윗못 수도 곁 세탁자의 밭에서 순순히 항복할 것을 종용했다.

앗수르 왕이 라기스에서부터 랍사게를 예루살렘으로 보내되 대군을 거느리고 히스기야 왕에게로 가게 하매 그가 윗못 수도 곁 세탁자의 밭 큰 길에 서매 _사 36:2

세탁에 사용하던 세제는?

오늘날과 같은 비누가 없던 성서시대에는 어떻게 세탁을 했을까? 당시의 세제로 보이는 '잿물'과 '비누'가 예레미야서에 등장한다. 예레미야는 이스라엘을 '순수함을 잃어버린 신부'로 묘사하면서 제아무리 잿물과 비누로 깨끗이 씻어도 죄악이 그대로 남아 있을 것이라고 말하고 있다.

주 여호와의 말씀이니라 네가 잿물로 스스로 씻으며 네가 많은 비누를 쓸지라도 네 죄악이 내 앞에 그대로 있으리니 _렘 2:22

잿물로 번역된 히브리어 단어는 '네테르'(נתר)인데 이것은 나트륨 화합물로 이루어진 광물질로서 물에 넣으면 거품이 난다. 비누로 번역된 히브리 단어는 '보리트'(ברית)로서, 이것은 염분이 있는 광야의 식물에서 추출된 식물성 알칼리 성분이다. 보리트는 아직도 광야에 거하는 베두인들이 비누 대용으로 사용하는 식물이다.

메시아의 날이 도래할 것을 예언한 선지자 말라기는 그날을 '표백하는 자의 잿물'에 비유하고 있다.

그가 임하시는 날을 누가 능히 당하며 그가 나타나는 때에 누가 능히 서리요 그는 금을 연단하는 자의 불과 표백하는 자의 잿물과 같을 것이라 _말 3:2

성서시대에는 옷감을 욕조에 넣어 발로 밟을 때 네테르와 보리트로 불리는 원시 세제를 넣어서 빨았다. 이때 옷감에 밴 묵은 때가 빠져나왔다. 이후 완벽한 탈색과 표백을 위해 세마포 천과 면화 천은 햇빛에 말리고, 양모 천은 황산 연기를 가해 주었다.

장차 도래할 두렵고도 떨리는 메시아의 날에 누가 감히 그 앞에 설 수 있겠는가? 어지간한 묵은 때를 빼내는 잿물처럼 강력한 엄위하심 앞에 누가 감히 자신의 숨겨진 얼룩과 죄악을 감출 수 있겠는가?

• 황산 연기를 쐬어 양모 천을 표백하는 세탁업자들

CHAPTER

03

자색 옷감 장수 루디아는 어떤 신분이었을까?

옷감 염색과 자주색

● 뿔고둥에서 염료를 빼는 작업

안식일에 우리가 기도할 곳이 있을까 하여 문 밖 강가에 나가 거기 앉아서 모인 여자들에게 말하는데 두아디라 시에 있는 자색 옷감 장사로서 하나님을 섬기는 루디아라 하는 한 여자가 말을 듣고 있을 때 주께서 그 마음을 열어 바울의 말을 따르게 하신지라 _행 16:13-14

3차에 걸친 사도 바울의 전도 여행 중 가장 인상적인 장면은 아마도 드로아(Troas)에서 있었던 마게도냐 환상일 것이다. 바울은 동쪽의 소아시아로 복음을 전하고자 했지만 성령의 강력한 개입으로 방해를 받게 된다.

성령이 아시아에서 말씀을 전하지 못하게 하시거늘 브루기아와 갈라디아 땅으로 다녀가 _행 16:6

서양에 대한 콤플렉스가 어느 정도 있는 동양인의 한 사람으로서, '왜 성령님은 그때 복음이 아시아 쪽으로 쭉 뻗어서, 보다 일찍 한국 땅에 복음이 전파되도록 하시지 않았을까' 하는 의구심이 든다.

어쨌든 우리가 알지 못하는 성령님의 계획 안에서 복음 진로의 방향은 유럽 대륙이 있는 서쪽으로 급작스럽게 터닝(turning)하게 된다. 그러한 터닝 포인트에 있던 곳이 바로 '드로아'였고, 이곳에서 바울은 밤에 환상을 보고 유럽행을 결정하게 된 것이다.

밤에 환상이 바울에게 보이니 마게도냐 사람 하나가 서서 그에게 청하여 이르되 마게도냐로 건너와서 우리를 도우라 하거늘 바울이 그

환상을 보았을 때 우리가 곧 마게도냐로 떠나기를 힘쓰니 이는 하나님이 저 사람들에게 복음을 전하라고 우리를 부르신 줄로 인정함이러라 _행 16:9–10

바울은 드로아에서 배를 타고 지금의 발칸 반도 동부에 있는 빌립보 성에 도착했다. 빌립보는 환상 중에 나타난 마게도냐 사람이 사는 지역으로 들어가는 첫 번째 성이었다. 바울은 드로아에서 합류한 누가와 함께 안식일에 기도하러 강가로 내려갔다. 그리고 그곳에서 앞으로 유럽에서 있을 전도 사역에 큰 도움이 되는 루디아와 운명적인 만남을 갖게 된다.

루디아와의 만남은 마게도냐 사람의 환상을 통해 바울의 여정을 유럽 쪽으로 틀게 하신 성령께서 친히 중재하신 '특별한 만남'이었다. 사도행전의 기자인 누가는 '루디아'란 여인에 대해서 그런 대로 상세한 기록을 하고 있다. 그녀는 소아시아에 있는 두아디라 성 출신으로 직업은 '자색 옷감 장수'였다.

1세기의 자주색 염색업과 관련된 배경 지식이 없는 오늘날의 성도들로서는 바울과 루디아의 만남 속에 감춰진 특별한 의미를 이해하기 어렵다. 그러나 사도행전이 씌어진 1세기 당시의 성도들은 '자색 옷감 장수 루디아'란 말만 듣고도 즉시 성령님의 놀라운 인도하심을 깨닫고 깊은 감사를 드렸을 것이다.

'아하! 그래서 하나님이 마게도냐 환상을 통해 바울을 빌립보 쪽으로 인도하셨구나!'

1세기 그리스도인이 이해한 이 구절을 오늘날의 우리도 공감할 수 있기를 바란다. 자색 옷감 장수라는 직업을 통해 1세기 옷감 염색업의 현장 속으로 들어가 보고, 옷감 색깔을 통해 당시의 사회적 신분 구조도 알아보자.

자주 염색은 페니키아의 독점 사업

성서시대에 염색은 '천'(cloth)이 아닌 '실'(thread) 상태에서 이뤄졌다. 당시는 염색 기술이 발달하지 않았기에 실 상태에서 염색하는 것이 훨씬 수월했다. 아주 가난한 사람들은 아무런 염색 없이 자연적인 섬유 색깔의 옷을 입었지만, 대다수의 평민들은 동물, 식물, 광물 등 주변에서 흔하게 얻을 수 있는 염색 재료를 이용해 옷감에 염색을 했다. 그러나 이중 유일하게 제외되는 색깔이 바로 '자주색'(purple) 계열의 염색이었다.

자주색 염색은 두로(Tyre) 지방에서 독점으로 이뤄졌는데 가격도 비싸고 공정도 복잡했다. 두로 사람들은 자주색 염색의 비법을 공개하지 않았고, 두로가 위치한 페니키아 사람들은 당대에 알려진 최고의 염색 '달인'이었다. 이들의 국명 '페니키아'(Phoenicia) 역시 '자주색 염료'를 뜻하는 헬라어로서, 페니키아는 자주색 염색업으로 유명한 나라였다.

자주색 염료는 '뿔고둥'(murex snail)으로 불리는 달팽이의 하부 기관지선(hypo bronchial gland)에서 극히 소량 얻을 수 있었는데, 그나마 두로가 위치한 지중해 해변에서만 잡을 수 있었다. 50cm^{2}의 천을 자주색으로 염색하려면 1만 마리의 뿔고둥을 잡아야 했던 만큼 자색 옷감은 귀했다.

뿔고둥은 주로 대합조개와 함께 다녔는데, 선(gland)에서 분비되는 염료만 빼내고 다시 바다에 놓아 주곤 했다.

뿔고둥에서 뽑은 자주색 염료의 대용으로 초막절 때 흔드는 네 가지 식물 가운데 하나인 화석류(myrtle)가 사용되기도 했지만, 이것은 가격이 저렴한 대신 햇빛에 노출되면 색깔이 금방 바래는 치명적인 단점이 있었다. 뿔고둥의 자색 염료는 한 번 염색되면 색깔을 빼는 것이 불가능할 정도로 염색 효과가 강력했다.

이사야 선지자는 우리의 죄를 사해 주시는 하나님의 놀라운 능력을 한 번 물들이면 잘 빠지지 않는 자색 염료와 비교해서 설명한 바 있다. 쉽게 빠지지 않는 뿔고둥의 자주색 염료를 생각할 때, 주홍(진홍) 같은 죄를 눈처럼 희게 할 수 있는 능력이라면 어떠한 죄도 깨끗이 사할 수 있지 않겠는가?

> 여호와께서 말씀하시되 오라 우리가 서로 변론하자 너희의 죄가 주홍 같을지라도 눈과 같이 희어질 것이요 진홍같이 붉을지라도 양털 같이 희게 되리라 _사 1:18

자주색은 최상위 3퍼센트의 상류층을 위한 색깔

비싼 가격과 복잡한 공정 때문에 '자주색'은 왕족(royal family)이나 귀족(noble man)을 의미하는 색깔이었다. 'blue-blooded family'가 '유서

• 자주색 염색에 사용되던 뿔고둥

해안에서 뿔고둥 잡기 •

• 뿔고둥에서 염료를 빼고 다시 해안에 놓아 주기

깊은 귀족 출신의 집안'을 가리키고, 우리말로는 '은수저를 입에 물고 태어난 사람'이라고 부르듯이, 성서시대에는 '자주색'이 그러한 의미를 가졌다. 소위 말하는 상위 3퍼센트에 속하는 상류 계층을 나타내는 색깔이 '자주색'이었던 것이다. 성서시대에 전체를 자주색으로 염색한 겉옷은 오늘날의 화폐 단위로 1억 원가량의 가치가 있었다. 당연히 이런 겉옷은 왕 이외에는 아무나 입을 수 없었다.

예수님께서 비유로 드셨던 '부자와 거지 나사로' 속에 나오는 부자는 얼마나 큰 부자였을까? 1세기 유대인들은 그가 어마어마한 부자라는 것을 간파했다. 바로 부자가 '자색으로 물들인 겉옷'을 입었기 때문이다. 이런 부자가 거지 나사로에게 빵 한 조각 건네줄 마음의 여유가 없었던 것이다.

> 한 부자가 있어 자색 옷과 고운 베옷을 입고 날마다 호화롭게 즐기더라 그런데 나사로라 이름하는 한 거지가 헌데투성이로 그의 대문 앞에 버려진 채 그 부자의 상에서 떨어지는 것으로 배불리려 하매 심지어 개들이 와서 그 헌데를 핥더라 _눅 16:19–21

잠언 31장에 나오는 현숙한 여인 역시 당시에 귀부인들이나 입을 수 있는 '자색 옷'을 입고 있는 것으로 묘사되어 있다.

> 그는 자기를 위하여 아름다운 이불을 지으며 세마포와 자색 옷을 입으며 _잠 31:22

자색은 아가서 기자가 사랑하는 여인의 입술을 묘사할 때도 등장한다.

> 네 입술은 홍색 실 같고 네 입은 어여쁘고 너울 속의 네 뺨은 석류 한 쪽 같구나 _아 4:3

예수님은 온 우주를 다스리는 '만왕의 왕'(King of Kings)이시지만, 이 땅에 성육신하신 모습은 전혀 왕으로서의 풍채를 갖고 있지 않았다. 예수님은 일생 가난했으며 사회적 약자들과 소외된 자들을 찾아다니신 섬김의 왕이셨다.

> 그는 주 앞에서 자라나기를 연한 순 같고 마른 땅에서 나온 뿌리 같아서 고운 모양도 없고 풍채도 없은즉 우리가 보기에 흠모(欽慕)할 만한 아름다운 것이 없도다 _사 53:2

이런 예수님도 '만왕의 왕'으로서 자신의 모습을 드러낸 순간이 있었는데, 그것은 빌라도 총독 앞에서 심문을 받으실 때였다.

> 예수께서 총독 앞에 섰으매 총독이 물어 이르되 네가 유대인의 왕이냐 예수께서 대답하시되 네 말이 옳도다 하시고 _마 27:11

이에 로마 군인들은 '유대인의 왕'이라고 주장하는 예수님께 당시 왕들만 입을 수 있던 자주색 겉옷인 '홍포'를 구해 입혀 주면서 온갖 조롱을 해댔다.

> 이에 총독의 군병들이 예수를 데리고 관정 안으로 들어가서 온 군대를 그에게로 모으고 그의 옷을 벗기고 홍포를 입히며 가시관을 엮어 그 머리에 씌우고 갈대를 그 오른손에 들리고 그 앞에서 무릎을 꿇고 희롱하여 이르되 유대인의 왕이여 평안할지어다 하며 그에게 침 뱉고 갈대를 빼앗아 그의 머리를 치더라 희롱을 다 한 후 홍포를 벗기고 도로 그의 옷을 입혀 십자가에 못 박으려고 끌고 나가니라
>
> _마 27:27–31

이 땅에 성육신하신 예수님은 만왕의 왕이시지만 왕으로서 자신의 권리를 한 번도 사용하지 않으셨다. 아이러니컬하게도 왕이신 예수님의 모습이 드러난 유일한 순간은 로마 군인들에게 조롱 받으며 '홍포'를 입은 때였다. 이 땅에서 예수님의 삶은 한마디로 '권리 포기'와 '내려놓음'의 삶이었던 것이다.

청색 계열 자주색과 제사장 나라

자주색 염료는 청색 계열의 자주색(bluish purple)과 홍색 계열의 자주색(reddish purple)으로 나뉘었다. 청색 계열의 자주색은 이스라엘 백성이 옷단 술에 염색하는 색깔이었다.

• 청색의 대제사장 겉옷

이스라엘 자손에게 명령하여 대대로 그들의 옷단 귀에 술을 만들고 청색 끈을 그 귀의 술에 더하라 _민 15:38

흰색의 옷단 술 가운데 일부를 청색으로 염색하도록 한 것은 청색이 제사장의 색깔이기 때문이다. 대제사장이 입는 '겉옷'은 청색이었다.

너는 에봇 받침 겉옷을 전부 청색으로 하되 _출 28:31

이스라엘 백성 모두 옷단 술의 일부를 청색으로 염색해야 한다는 것은 하나님께서 이스라엘을 '제사장 나라'의 백성으로 부르신 목적에 부합한다. 아울러 그리스도 안에서 거룩한 성도가 된 우리도 이스라엘과 합하여 '제사장 나라'가 된 것이다.

세계가 다 내게 속하였나니 너희가 내 말을 잘 듣고 내 언약을 지키면 너희는 모든 민족 중에서 내 소유가 되겠고 너희가 내게 대하여 제사장 나라가 되며 거룩한 백성이 되리라 너는 이 말을 이스라엘 자손에게 전할지니라 _출 19:5-6

그러나 너희는 택하신 족속이요 왕 같은 제사장들이요 거룩한 나라요 그의 소유가 된 백성이니 이는 너희를 어두운 데서 불러 내어 그의 기이한 빛에 들어가게 하신 이의 아름다운 덕을 선포하게 하려 하심이라 _벧전 2:9

이스라엘 백성이 겉옷에 다는 옷단 술에 청색 염료를 물들이기 위해서는 어느 정도 재정적인 뒷받침이 있어야 했다. 하나님은 이스라엘이 말씀에 순종할 때 약속의 땅에서 복을 받고 그들 중에 "가난한 자가 없으리라"고 하셨는데, 이것 역시 옷단 술의 염료와 관련해서 이해하면 그 의미가 새로울 것이다. 모든 사람이 자기의 옷단 술을 청색으로 염색할 정도로 잘살게 될 것이라는 말씀인 것이다. 즉 이스라엘이 하나님께 순종할 때 이스라엘에는 극빈자가 없이 모두 잘사는 복지국가가 될 것이다.

> 네가 만일 네 하나님 여호와의 말씀만 듣고 내가 오늘 네게 내리는 그 명령을 다 지켜 행하면 네 하나님 여호와께서 네게 기업으로 주신 땅에서 네가 반드시 복을 받으리니 너희 중에 가난한 자가 없으리라
>
> _신 15:4

그렇다면 두아디라 성 출신의 자색 옷감 장수인 루디아는 어떤 사람이었을까? 루디아는 빌립보에서 상당히 영향력 있는 재력가였을 것이다. 그녀가 상대하던 고객들 역시 상류층 3퍼센트에 속하는 VIP였을 것이다. 하나님은 성령님의 인도하심에 민감하게 순종한 바울에게 루디아를 선교 사역의 조력자로 붙여 주셨다. 루디아는 앞으로 바울을 통해 펼쳐질 유럽에서의 선교 사역을 위한 든든한 '스폰서'요 '물주'였던 것이다.

CHAPTER

04

요셉은 왜 형들에게 미움을 받았을까?

속옷과 채색 옷

● 성서시대 유대인들

요셉은 노년에 얻은 아들이므로 이스라엘이 여러 아들들보다 그를 더 사랑하므로 그를 위하여 채색 옷을 지었더니 그의 형들이 아버지가 형들보다 그를 더 사랑함을 보고 그를 미워하여 그에게 편안하게 말할 수 없었더라 _창 37:3-4

복잡한 가정사를 가리키는 표현 가운데 '콩가루 집안'이라는 말이 있다. 아무에게나 쓸 수 있는 표현은 아니지만, 야곱과 그의 네 명의 아내 그리고 그 사이에서 태어난 배 다른 형제들의 이야기를 읽다 보면 '콩가루 집안'은 이럴 때 사용하지 싶다. 야곱의 열두 아들은 '12지파의 탄생'으로 미화되어서 그렇지, 사실 훈훈한 가정 이야기는 결코 아니다.

영적인 해석을 하지 않고 요셉 이야기를 액면 그대로 읽는다면, 야곱 집안의 문제점을 몇 가지 발견할 수 있다.

첫째, 요셉에 대한 야곱의 지나친 편애다. 야곱의 첫사랑은 잘 알려진 대로 삼촌이자 장인인 라반의 둘째 딸 라헬이다. 라반은 조카인 야곱이 라헬을 사랑하는 줄 알면서도 결혼식 첫날밤에 그의 첫째 딸인 레아를 신방에 들여보낸다. 그리고 야곱에게 라헬을 얻으려면 다시 7년을 무료 봉사해 달라고 요구한다. 라반(לבן)은 히브리어로 '흰색'이라는 뜻이지만, 그의 속은 '검은색'으로 몹시 엉큼했다.

아버지 이삭을 속여 형 에서가 마땅히 받아야 할 장자의 축복을 가로챈 야곱을 훈련시키기 위해 하나님은 권모술수의 고수인 라반을 붙이셨다. 라헬을 향한 사랑에 눈이 먼 야곱은 라반의 획책대로 7년을 며칠같이 여기고 봉사하게 된다.

야곱이 라헬을 위하여 칠 년 동안 라반을 섬겼으나 그를 사랑하는 까닭에 칠 년을 며칠같이 여겼더라 _창 29:20

야곱의 사랑은 받았지만 오랫동안 임신하지 못했던 라헬은 마침내 하나님의 긍휼하심을 얻어 요셉을 출산하였다.

하나님이 라헬을 생각하신지라 하나님이 그의 소원을 들으시고 그의 태를 여셨으므로 그가 임신하여 아들을 낳고 이르되 하나님이 내 부끄러움을 씻으셨다 하고 그 이름을 요셉이라 하니 여호와는 다시 다른 아들을 내게 더하시기를 원하노라 하였더라 _창 30:22-24

야곱은 첫사랑인 라헬로부터 노년에 얻은 요셉을 다른 아들들보다 각별하게 더 사랑했다. 하지만 이러한 야곱의 편애는 또 다른 가정의 문제를 야기시켰다.

요셉은 노년에 얻은 아들이므로 이스라엘이 여러 아들들보다 그를 더 사랑하여 그를 위하여 채색 옷을 지었더니 _창 37:3

둘째, 아버지 야곱의 편애에 대한 형들의 지나친 시기심과 미움이다.

그의 형들이 아버지가 형들보다 그를 더 사랑함을 보고 그를 미워하여 그에게 편안하게 말할 수 없었더라 _창 37:4

형들은 매사에 요셉을 편애하는 아버지 야곱 때문에 불평이 많았다. 이런 불평은 급기야 요셉을 죽이려는 시도로까지 발전했다. 헤브론에 거하던 야곱 일행은 우기(雨期)가 되어 풀이 나자 멀리 북쪽에 있는 세겜으로 올라가 양들에게 풀을 뜯겼다. 아들들의 안부가 궁금한 야곱이 요셉을 세겜으로 보냈고, 형들은 세겜에서 북쪽으로 더 올라간 한적한 마을인 도단에서 요셉에 대한 시기심과 미움을 구체적으로 실행에 옮겼다.

요셉이 그들에게 가까이 오기 전에 그들이 요셉을 멀리서 보고 죽이기를 꾀하여 서로 이르되 꿈 꾸는 자가 오는도다 자, 그를 죽여 한 구덩이에 던지고 우리가 말하기를 악한 짐승이 그를 잡아먹었다 하자 그의 꿈이 어떻게 되는지를 우리가 볼 것이니라 하는지라

_창 37:18-20

셋째, 요셉의 참을 수 없는(?) 순수함과 천진난만함이다. 흔히 형들의 시기와 질투 그리고 야곱의 편애에 가려서 잘 드러나지 않는 부분이지만, 요셉 역시 이 가정의 불화에 한몫 단단히 하고 있다. 요셉은 형들의 잘못을 야곱에게 그대로 전했는데, 성경 기자는 그때 요셉의 나이가 17세였다고 기록하고 있다. 10세 미만의 철부지도 아니고 17세 정도 됐으면 자신에 대한 형들의 질투와 아버지의 편애 때문에라도 분위기를 파악하고 지혜롭게 처신해야 했다. 불의를 미워하는 정의로움으로 볼 수도 있지만 '고자질' 당하는 형들의 입장에서는 동생 요셉이 미울 수밖에 없다.

요셉이 십칠 세의 소년으로서 그의 형들과 함께 양을 칠 때에 그 아버지의 아내들 빌하와 실바의 아들들과 더불어 함께 있었더니 그가 그들의 잘못을 아버지에게 말하더라 _창 37:2

특히 두 번에 걸친 꿈 이야기는 그를 총애하던 아버지 야곱까지도 언짢게 했다.

그가 그의 꿈을 아버지와 형들에게 말하매 아버지가 그를 꾸짖고 그에게 이르되 네가 꾼 꿈이 무엇이냐 나와 네 어머니와 네 형들이 참으로 가서 땅에 엎드려 네게 절하겠느냐 그의 형들은 시기하되 그의 아버지는 그 말을 간직해 두었더라 _창 37:10–11

이 같은 야곱 가정의 문제는 많은 가정에서 충분히 있을 법한 일들이다. 그러나 아무리 아버지의 편애가 심하고 눈치 없는 동생이라지만 그렇다고 죽이려고까지 한 것은 너무 심하다. 그런 이유들로 동생을 죽일 수 있다면 세상은 그야말로 무법천지가 되지 않겠는가?

형들은 왜 '죽이고 싶을 만큼' 요셉을 시기했을까? 단지 자신들의 잘못을 고자질하고, 아버지 야곱이 요셉만 유난하게 편애했기 때문일까? 형들의 미움과 야곱의 편애는 서로 밀접한 관계가 있는데, 창세기 37장은 이것을 다음과 같이 설명하고 있다.

요셉은 노년에 얻은 아들이므로 이스라엘이 여러 아들들보다 그를 더 사랑하므로 그를 위하여 채색 옷을 지었더니 그의 형들이 아버지가 형들보다 그를 더 사랑함을 보고 그를 미워하여 그에게 편안하게 말할 수 없었더라 _창 37:3-4

야곱의 편애는 요셉에게 '채색 옷'을 지어 주는 것으로 나타났고, 이런 야곱의 행동이 형들의 미움과 불평을 산 직접적인 이유였을 것이다. 요즘 말로 요셉에게만 지어 준 채색 옷은 형들의 '뚜껑을 열리게' 만들었다. 그렇다면 채색 옷을 지어 주었다는 것은 무슨 의미가 있는 걸까? 여러 가지 색깔의 알록달록한 무늬가 있는 '색동저고리'를 요셉에게만 입혀 주었다는 뜻일까?

'채색 옷'과 관련해서 KJV 영어성경은 'a coat of many colors'로 번역하고 있다. 이것은 히브리어 구약성경을 헬라어로 번역한 '70인역'(Septuagint)의 영향을 받은 것이다. 그러나 '채색 옷'에 대한 히브리어 구약성경의 원어는 '쿠토네트 파씸'(כתונת פסים)인데, 이는 아쉽게도 여러 색깔을 가진 알록달록한 '채색 옷'과는 별 관련이 없다. 히브리어에서 헬라어로, 이것이 다시 영어와 한국말로 옮겨지는 과정에서 생겨난 오류가 아닌가 싶다.

채색 옷과 속옷

성서시대에 유대인들이 몸에 걸친 옷은 크게 5가지 종류로 나뉘었다.

속옷, 겉옷, 허리띠, 터번(모자), 샌들(신발)이 그것이다. 옷은 남녀가 모두 비슷했는데, 이로 인해 모세의 율법은 남녀가 서로 옷을 바꿔 입지 말라고 요구한다.

여자는 남자의 의복을 입지 말 것이요 남자는 여자의 의복을 입지 말 것이라 이같이 하는 자는 네 하나님 여호와께 가증한 자이니라 _신 22:5

5가지 옷 중 속살에 가장 가까운 옷이 '속옷'인데, 이를 히브리어로 '쿠토네트'(כתונת)라고 한다.

또 너를 고발하여 속옷을 가지고자 하는 자에게 겉옷까지도 가지게 하며 _마 5:40

'쿠토네트'에 대한 합당한 단어가 없어서 '속옷'으로 번역되기는 했지만, 쿠토네트는 오늘날 우리들이 입고 다니는 속옷의 개념과는 많이 다르다. 예를 들어, 오늘날 속옷만 입고 밖에 나가 돌아다니면 정신병자 취급을 받기 십상이다. 하지만 성서시대에는 '쿠토네트'로 불리는 속옷을 입고 밖에서 밭일을 했다. 속옷이 완벽한 외출복은 아닐지라도 밖에서 일할 때 편하게 입는 옷이었으니, 오늘날 우리들의 속옷 개념과는 전혀 다른 것이다.

밭에 있는 자는 겉옷을 가지러 뒤로 돌이키지 말지어다 _마 24:18

속옷은 주로 흰색의 세마포로 만들었는데, 두 개의 커다란 천을 얼굴과 양팔의 구멍만 남기고 꿰맨 무척 단순한 옷이었다. 제사장들은 허리띠에서 모자에 이르기까지 흰색의 세마포로 만든 특별한 옷을 입었다.

거룩한 세마포 속옷을 입으며 세마포 속바지를 몸에 입고 세마포 띠를 띠며 세마포 관을 쓸지니 이것들은 거룩한 옷이라 물로 그의 몸을 씻고 입을 것이며 _레 16:4

욥바에 있던 과부 도르가는 속옷과 겉옷을 만드는 직업을 가졌는데, 죽은 그녀를 베드로가 기도로써 살려 내자 욥바에 있는 많은 사람들이 예수를 믿게 되었다.

베드로가 일어나 그들과 함께 가서 이르매 그들이 데리고 다락방에 올라가니 모든 과부가 베드로 곁에 서서 울며 도르가가 그들과 함께 있을 때에 지은 속옷과 겉옷을 다 내 보이거늘 _행 9:39

속옷은 발목까지 내려올 정도로 길었지만 소매가 짧은 것이 특징이었다. 이런 일반적인 속옷에 비해 소매가 팔꿈치를 덮을 만큼 '긴 소매의 속옷'을 가리켜 '쿠토네트 파씸'이라고 한다. '파씸'(פסים)은 손바닥과 발바닥을 가리키는데, 이는 아마도 소매의 길이가 손바닥을 덮을 정도로 길었던 데서 나온 말인 듯하다. 그러므로 '채색 옷'으로 번역된 '쿠토네트 파씸'은 알록달록 색깔이 들어간 '색동저고리'와는 아무런 관련이 없다.

긴 소매의 속옷, 왕족이 입는 옷

보통 사람들이 짧은 소매의 속옷을 입었다면 손바닥까지 덮는 긴 소매의 속옷은 특별한 계층의 사람들이 입었다. 당시에는 최상류층인 왕족(royal family)이 입는 특별한 옷이었다.

다윗에 대적해 반란을 일으킨 다윗의 아들 압살롬을 기억하는가? 압살롬이 아버지 다윗에게 쓴뿌리를 품고 급기야 서슬 퍼런 반역의 칼날을 갈게 된 계기는 자신의 누이인 다말을 이복 형인 암논이 겁탈했는데도 아무런 조치를 취하지 않은 아버지를 원망해서였다. 다말과 관련된 이야기에도 '채색 옷'의 이야기가 나온다. 암논은 압살롬의 누이인 다말을 연모해서 자신의 방으로 끌어들인 후 강제로 겁탈했다. 그러나 다말을 향한 암논의 연모는 순식간에 미움으로 변하고 결국 다말을 내쫓은 뒤 문을 걸어 잠그게 된다. 다윗 왕의 딸, 즉 '공주'인 다말은 채색 옷을 입었는데, 이것 역시 알록달록 색동저고리가 아니라 '소매가 긴 속옷'을 가리킨다.

암논의 하인이 그를 끌어내고 곧 문빗장을 지르니라 다말이 채색 옷을 입었으니 출가하지 아니한 공주는 이런 옷으로 단장하는 법이라

_삼하 13:18

야곱이 요셉에게 입혀 준 채색 옷이 이와 같이 특별한 옷이라면 형들의 미움과 시기심을 이해할 수도 있을 것 같다. 형들은 아버지 야곱이 요셉에게 나이키(Nike)니 아디다스(Adidas)니 하는 명품 옷을 사 주어서 시기한 것이 아니었다. 명절 날 색동저고리 설빔을 요셉에게만 사 주어서 화가 난 것도 아니었다. 그것은 다름 아닌 요셉에게 다른 아들들과는 차별되는 특별한 위치, 즉 왕족을 나타내는 심상치 않은 옷을 입혀 준 것에 대한 분개였다.

야곱이 후에 아들 요셉이 애굽의 총리에까지 올라가리라는 환상을 미리 보고 이런 옷을 입혀 주었을 가능성은 그리 높지 않다. 하지만 하나님은 요셉을 향한 야곱의 편애를 통해서도 요셉을 통해 이루실 미래의 비전을 간접적으로 계시하신 듯싶다. 요셉을 향한 하나님의 놀라운 계획과 비전은 형들에게는 죽이고 싶을 만큼 견딜 수 없는 미움을 불러일으켰던 것이다. 시기심에 눈이 멀어 하나님의 특별한 계시를 보지 못한 형들로서는 아버지 야곱이 요셉에게만 채색 옷을 지어 입힌 것이 '뚜껑 열리게' 만드는 행위로밖에 보이지 않았다.

CHAPTER

05

로마 군인들은 왜 예수님의 속옷을 찢지 않았을까?

호지 않고 통으로 짠 속옷

● 호지 않고 통으로 짠 대제사장의 세마포 속옷

군인들이 예수를 십자가에 못 박고 그의 옷을 취하여 네 깃에 나눠 각각 한 깃씩 얻고 속옷도 취하니 이 속옷은 호지 아니하고 위에서부터 통으로 짠 것이라 군인들이 서로 말하되 이것을 찢지 말고 누가 얻나 제비 뽑자 하니 이는 성경에 그들이 내 옷을 나누고 내 옷을 제비 뽑나이다 한 것을 응하게 하려 함이러라 군인들은 이런 일을 하고 _요 19:23-24

공생애 사역의 마지막 유월절에 십자가형에 처해지는 예수님과 관련해서 사복음서는 많은 부분을 할애해서 기록하고 있다. 특히 요한복음은 십자가형을 집행한 후에 십자가 밑에서 벌어지는 로마 군인들의 행동에 대해서 자세히 기록하고 있다.

성서시대 남녀의 옷은 다섯 가지로 나뉘었는데, 본문은 예수님의 옷 중 네 가지는 이미 군인들이 하나씩 나눠 가졌고 마지막 남은 '속옷'을 차지하기 위해 제비 뽑는 장면이 나온다. 어찌 보면 상당히 우스꽝스럽고 별 의미 없는 말씀처럼 보일 수 있다. 하지만 이 말씀에는 시편 말씀에 대한 구체적인 성취를 드러내려는 요한복음 저자의 의도가 숨어 있다.

내 겉옷을 나누며 속옷을 제비 뽑나이다 _시 22:18

로마 군인들은 왜 예수님의 속옷을 찢지 않고 제비뽑기를 한 것일까? 그리고 "호지 아니하고 위에서부터 통으로 짠" 속옷이 의미하는 바는 무엇일까? 통으로 짠 속옷과 로마 군인들이 예수님의 속옷을 찢지 않은 것은 어떤 특별한 관계가 있는 것일까?

옷감 짜기와 하나님의 계시

주전 2세기에 기록된 유대인의 지혜서인 〈시락〉(Sirach)은 인생의 필수품으로서 '빵, 물, 옷'의 세 가지를 제시한다(시락 29:21). 현대인들이 말하는 세 가지 필수품인 '의, 식, 주'에서 집에 해당하는 '주'가 빠지고 대신 '물'이 들어간 것이 흥미롭다. 이것은 광야의 환경인 이스라엘을 생각할 때 쉽게 이해할 수 있다. 이러한 유대인들의 사고는 '빵과 물과 옷을 위해 염려하지 말라'는 예수님의 말씀을 통해서도 확인할 수 있다.

> 그러므로 내가 너희에게 이르노니 목숨을 위하여 무엇을 먹을까 무엇을 마실까 몸을 위하여 무엇을 입을까 염려하지 말라 목숨이 음식보다 중하지 아니하며 몸이 의복보다 중하지 아니하냐 _마 6:25

옷이 필수품이라고 하지만 태초부터 그랬던 것은 아니다. 아담과 하와는 옷을 걸치지 않고 벌거벗은 채로 다녔기 때문이다.

> 아담과 그의 아내 두 사람이 벌거벗었으나 부끄러워 아니하니라 _창 2:25

이들이 비록 원시적인 형태일지라도 옷을 걸치기 시작한 것은 범죄한 이후 하나님에 대한 두려움과 서로를 향한 부끄러움이 생겼기 때문이다. 아담과 하와는 각자 무화과 잎을 엮어 치마를 만들어 부끄러운 부분을 가렸다. 이로써 하나님과의 관계성은 물론 인간 사이의 관계성도 깨졌다. 그러나 하나님은 '커플 가죽옷'(?)을 지어서 입혀 주심으로 하나님과 인간, 더 나아가 인간 사이의 유대감도 회복시켜 주셨다.

여호와 하나님이 아담과 그의 아내를 위하여 가죽옷을 지어 입히시니라 _창 3:21

범죄한 인간은 단지 부끄러움을 가리고자 옷을 만들었지만, 하나님은 하나님과의 영적인 교감과 인간 간의 유대감을 위해 옷을 지어 주셨다.

유대인들의 사상에서 옷감 짜는 기술은 그 기원이 하나님으로부터 비롯되었고, 꿈과 계시를 통해 태초부터 전해 내려온 것으로 여겨진다. 성막 기술자인 브살렐과 오홀리압은 성막의 천을 짜는 기술을 포함해 성막의 기명을 다루는 기술을 하나님의 신이 충만한 가운데 받게 되었다.

모세가 이스라엘 자손에게 이르되 볼지어다 여호와께서 유다 지파 훌의 손자요 우리의 아들인 브살렐을 지명하여 부르시고 하나님의 영을 그에게 충만하게 하여 지혜와 총명과 지식으로 여러 가지 일을 하게 하시되 금과 은과 놋으로 제작하는 기술을 고안하게 하시며 보석을 깎아 물리며 나무를 새기는 여러 가지 정교한 일을 하게 하셨고 또 그와 단 지파 아히사막의 아들 오홀리압을 감동시키사 가르치게 하시며 지혜로운 마음을 그들에게 충만하게 하사 여러 가지 일을 하게 하시되 조각하는 일과 세공하는 일과 청색 자색 홍색 실과 가는 베실로 수 놓는 일과 짜는 일과 그 외에 여러 가지 일을 하게 하시고 정교한 일을 고안하게 하셨느니라 _출 35:30–35

고대 근동 지방에서 옷감 짜는 의식은 이교도들의 종교 예식에서 보편적으로 행해졌다. 이것은 '옷감 짜기'가 단순히 옷을 만드는 오늘날과 달리 신성한 종교 예식의 일부분으로 행해진 것임을 보여 준다.

요시야 왕의 종교개혁 때 성전 안에 있던 남창의 집을 헐었는데, 그곳에서는 여신인 아세라를 위한 옷감이 만들어졌다. 그렇게 만들어진 옷들을 우상의 형상에 입히고 이교도적인 우상숭배를 행한 것이다.

또 여호와의 성전 가운데 남창의 집을 헐었으니 그곳은 여인이 아세라를 위하여 휘장을 짜는 처소였더라 _왕하 23:7

예레미야는 사람이 만든 옷을 화려하게 입힌 우상들과 참된 하나님을 비교했다.

다시스에서 가져온 은박과 우바스에서 가져온 금으로 꾸미되 기술공과 은장색의 손으로 만들었고 청색 자색 옷을 입었나니 이는 정교한 솜씨로 만든 것이거니와 오직 여호와는 참 하나님이시요 살아

계신 하나님이시요 영원한 왕이시라 그 진노하심에 땅이 진동하며 그 분노하심을 이방이 능히 당하지 못하느니라 _렘 10:9–10

이스라엘에서도 므깃도, 다아낙 같은 가나안 원주민들의 도시에서는 이교도적인 종교 행사가 많이 행해졌는데, 종교 행사장 주변에서는 옷감을 짜는 베틀의 방추돌이 많이 발견되었다. 이런 사실은 이스라엘뿐 아니라 고대 근동 지방에서 옷감 짜기가 신성한 종교 예식의 일부분으로 행해졌음을 잘 보여 준다.

호지 않고 통으로 짠 속옷

씨줄(수직의 실)과 날줄(수평의 실)로 불리는 두 줄의 실이 만나 옷감이 만들어지는 과정은 고대인에게 특별한 의미가 있는 작업이었다. '날줄'은 남성을 상징하고 '씨줄'은 여성을 상징하는데, 남녀가 연합해 새 생명을 잉태하듯이 날줄과 씨줄의 실이 서로 만나 옷감을 탄생시킨다는 것이 고대인들의 생각이었다.

실잣기, 옷감 짜기, 염색 등으로 이어지는 옷을 만드는 일련의 과정은 인생의 생로병사의 반복을 의미했다. 이렇게 탄생한 옷은 한 개인을 남과 연결해 주고, 더 나아가 태초의 조상과 먼 미래에 탄생할 후손과도 연결하는 것으로 이해했다.

일반적인 속옷은 씨줄과 날줄로 불리는 두 줄의 실로 짠 옷감으로 만들어졌는데, 두 개의 옷감을 붙여 끝에 솔기를 대어 꿰매면 완성되었다. 그런데 '호지 않고'(솔기를 대지 않고, seamless) 통으로 짠 예수님의 속옷은 분명 특별한 옷이었다. 이것은 '날줄'로만 짜서 만든 한 개의 옷감으로 된 옷으로, 실밥을 뜯어서 계속 풀다 보면 기다란 한 개의 실로 풀렸을 것이다.

이처럼 씨줄이 없이 '끝없는 날줄'로만 만들어진 옷은 고대의 여러 문화에서 성스러운 것으로 인식되었다. 즉 창조주와 연결되는 족보, 연속성, 더 나아가 개인의 족보가 그러한 연속성 가운데 영원히 이루어지기를 소망하면서 만들어진 특별한 옷이었다. 누가가 기록한 예수님의 족보는 위로 계속 올라가다 보면 결국은 최초의 인간인 아담, 더 나아가 하나님과 연결된다.

> 그 위는 므두셀라요 그 위는 에녹이요 그 위는 야렛이요 그 위는 마할랄렐이요 그 위는 가이난이요 그 위는 에노스요 그 위는 셋이요 그 위는 아담이요 그 위는 하나님이시니라 _눅 3:37-38

유대인 역사가 요세푸스의 기록에 의하면, 대제사장의 속옷은 호지 않고 통으로 만들어졌다고 한다. 이런 의미에서 끝없는 날실로 만들어진 옷을 강제로 찢는다는 것은 '신에 대한 정면 도전'으로 인식되었다. 이처럼 고대인들의 '호지 않고 통으로 짠 옷'에 대한 개념으로 인해 로마 군인들도 함부로 이 옷을 찢을 수 없었던 것이다.

군인들이 서로 말하되 이것을 찢지 말고 누가 얻나 제비 뽑자 하니

_요 19:24

인류 구원이라는 하나님의 의를 이루기 위해 십자가에 달리신 예수님과 그 밑에서 몇 푼 되지도 않는 죄수의 옷을 나눠 갖는 로마 군인들의 모습은 거룩함과 포악함으로 극적 대비된다. 요한복음 기자는 당시 대제사장들이 입던 '통으로 짠 속옷'과 포악한 로마 군인들이 그것을 감히 찢지 못하는 모습을 대비시킴으로써 하나님께로 연결되는 예수님의 족보, 즉 하나님의 아들이신 예수님의 신적인 권위를 은연중에 드러내고 있다.

십자가형은 완전한 나체로

당시 로마 군인들은 네 명이 한 조가 되어 십자가형을 집행했다. 이들은 지중해 해안에 위치한 가이사랴의 로마 총독부에 주둔해 있다가, 유대인의 명절인 유월절을 맞아 이들에게는 종교적인 촌구석에 불과한 예루살렘으로 파견 나온 것이다.

로마 군인들은 십자가형을 집행하면 죄수의 옷을 취할 수 있었다. 그것을 내다팔아 가이사랴로 돌아가는 길에 맥주라도 한 잔 거나하게 마실 속셈이었을 것이다. 이들 중 한 명은 샌들을, 한 명은 터번을, 한 명은 겉옷을, 한 명은 허리띠를 각각 차지했다. 그리고 마지막으로 예수님의 특별한 옷 '호지 않고 통으로 짠 속옷'을 감히 찢지 못하고 제비 뽑기를

해서 한 명이 갖기로 했다. 이렇게 해서 당시 유대 남자들이 걸치던 5개의 옷이 모두 로마 군인들의 손에 넘어갔다.

십자가형을 당하는 로마의 죄수들은 십자가에 완전한 나체로 매달렸다. 흔히 십자가형을 당하는 예수님을 다루는 영화나 성화를 보면 예수

님이 최소한의 가리개를 걸치고 있지만, 사실 이 부분은 역사 고증 면에서 본다면 잘못된 것이다. 예수님은 아무 것도 걸치지 않은 나체로 십자가형을 당했을 것이다.

• 예루살렘 성밖 골고다 언덕에서 십자형에 처해지는 모습

CHAPTER

06

심판처럼 급박한 때 농부는 왜 겉옷을 가지러 집에 들어갈까?

겉옷과 크레디트 카드

밭에 있는 자는 겉옷을 가지러 뒤로 돌이키지 말지어다 _마 24:18

마태복음 24장은 십자가의 죽음을 며칠 앞둔 예수님이 제자들과 함께 감람 산에 앉아 예루살렘 성을 보시면서 마지막 심판의 때에 일어날 상황들을 말씀하신 것을 기록하고 있다.

예수께서 감람 산 위에 앉으셨을 때에 제자들이 조용히 와서 이르되 우리에게 이르소서 어느 때에 이런 일이 있겠사오며 또 주의 임하심과 세상 끝에는 무슨 징조가 있사오리이까 _마 24:3

하나님의 심판, 즉 종말의 때에 일어날 징조들을 말씀하시면서 예수님은 몇 가지 주의사항을 일러 주셨다. 그런데 이중 '겉옷'과 관련된 말씀이 석연찮다. 성서시대 사람들은 대부분이 농부로 일했는데, 농부들은 속옷만 입고 편하게 농사일을 했다. 예수님은 심판의 날에 밭에서 일하는 자들은 '겉옷'을 가지러 집 안으로 들어가지 말라고 주의를 주셨다. 겉옷이 무슨 귀중품이라도 된다고 그 급박한 때에 농부들은 겉옷을 가지러 집 안에 들어간다는 것일까?

해마다 여름이면 많은 사람들이 장마로 인해 수해를 입는다. 갑자기 불어난 물로 집이 떠내려가는 위급한 상황에서도 수해민들은 급히 집 안에 들어가 귀중한 물건 몇 가지를 챙겨 나오곤 한다. 혹시 장롱 깊숙이 숨겨 둔 물방울 다이아몬드 반지라도 있다면 일순위로 챙길 것이다. 그렇다면 과연 성서시대 농부들이 심판과 같은 급박한 상황에서 집 안에 들어가 일순위로 챙겨 나오는 물건이 겉옷이었을까? 성서시대 겉옷이 가지는 의미를 모르는 현대인들로서는 이런 예수님의 말씀이 얼른 이해하기 힘들 것이다.

겉옷은 '입는 옷'이 아니라 '덮는 옷'

우리말 성경에 '겉옷'으로 번역된 단어는 히브리어 성경에서는 '케쑤트'(כסות), '씸라'(שמלה), '메일'(מעיל), '아데레트'(אדרת) 등 다양한 단어로 등장한다. 역사적 자료가 빈약한 상황에서 이들 다양한 단어들의 미묘한 차이를 밝히는 것은 불가능하다. 하지만 이 단어들은 모두 '겉옷'이라고 번역해도 충분할 만큼 공통점을 가지고 있다. 모두 몸의 가장 바깥에 걸치고, 더 나아가 '덮는 옷'이라는 뜻이 있다. 옷을 '입는다'고 표현해야 하는데, 겉옷의 경우는 '덮는다'고 표현하는 게 더 어울린다.

성서시대의 겉옷은 덮는 용도로 많이 사용되었다. '덮는다'는 표현은 옷이 아니라 '이불'에 사용해야 더 어울리는데, 이는 성서시대의 겉옷이 옷과 이불의 두 가지 용도로 사용되었음을 보여 준다. 겉옷의 모양이 정사각형의 천 조각에 불과하기 때문에 언뜻 보면 이불처럼 보일 수도 있다.

집 근처에서 일을 하거나 가까운 곳으로 외출할 때에는 속옷만 입고 다녔지만, 멀리 여행할 경우에는 겉옷을 걸쳤다. 이 겉옷은 장기간의 여행에서 낮에는 더위와 비를 막아 주고, 밤에는 길거리 노숙을 위한 슬리

핑 백(sleeping bag) 역할을 했다. 겉옷을 이불처럼 덮고 잠을 잤던 것이다.

포도주를 마시고 나체 바람으로 잠을 자던 노아의 하체를 두 아들 셈과 야벳이 옷으로 덮어 주었는데, 이 옷이 겉옷인 '씸라'였다.

> 셈과 야벳이 옷을 가져다가 자기들의 어깨에 메고 뒷걸음쳐 들어가서 그들의 아버지의 하체를 덮었으며 그들이 얼굴을 돌이키고 그들의 아버지의 하체를 보지 아니하였더라 _창 9:23

시어머니 나오미의 지시대로 룻은 보아스가 덮고 있는 겉옷 속으로 들어갔다. 자다가 함께 누워 있는 룻을 발견한 보아스는 화들짝 놀랐다. 이때 룻은 "나를 당신의 옷자락으로 덮으소서"라고 간청했다.

> 이르되 네가 누구냐 하니 대답하되 나는 당신의 여종 룻이오니 당신의 옷자락을 펴 당신의 여종을 덮으소서 이는 당신이 기업을 무를 자가 됨이니이다 _룻 3:9

'옷자락으로 덮는다'는 것은 '겉옷으로 덮는 것'을 가리키는데, 이것은 겉옷과 관련된 독특한 표현이다. 남자의 펼쳐진 겉옷 속으로 여인이 들어간다는 것은 그 남자의 보호 아래 들어감을 의미한다. 즉 보아스와 결혼하기를 간구하는 룻의 완곡한 표현인 것이다. 집안의 가장은 겉옷을 펼치고 그의 보호 아래 들어온 가족을 모두 책임져야 했다. 이와 비슷한 표현이 이사야서에도 등장한다.

네 장막터를 넓히며 네 처소의 휘장을 아끼지 말고 널리 펴되 너의 줄을 길게 하며 너의 말뚝을 견고히 할지어다 _사 54:2

현대 이스라엘의 회당에 가서 유대인들의 예배에 참석해 보면, 겉옷을 펼쳐서 가족을 보호하는 의미를 갖는 독특한 예식을 갖는 모습을 볼 수 있다. 예배 도중에 '하잔'(חזן)으로 불리는 '찬양 인도자'가 민수기 6장 24~26절에 나오는 제사장의 축복을 웅장하게 낭송한다.

여호와는 네게 복을 주시고 너를 지키시기를 원하며 여호와는 그의 얼굴을 네게 비추사 은혜 베푸시기를 원하며 여호와는 그 얼굴을 네게로 향하여 드사 평강 주시기를 원하노라 할지니라 하라
_민 6:24–26

이때 예배에 참석한 집안의 가장들은 그들의 어깨에 걸친 기도 숄을 펼친다. 히브리어로 '탈릿'(תלית)으로 불리는 기도 숄은 성서시대 겉옷이 현대화된 의상이다. 하잔이 제사장의 축복문을 낭송하는 사이 집안의 가장이 탈릿을 펼치면 아내는 그 탈릿 속으로 들어가 가장의 보호 아래 들어가는 의식을 갖는다.

• 통곡의 벽 앞에서 탈릿을 걸치고 기도하는 유대인

성서시대 사람들은 모두 단벌 신사?

겉옷은 세마포로 만드는 속옷과 달리 주로 양털로 만들었다. 소매가 긴 속옷과 달리 겉옷은 소매가 없거나 있어도 무척 짧았다. 성서시대 농부들은 대부분 겉옷이 한 벌밖에 없었다. 오늘날 표현을 빌리자면 성서시대 사람들은 모두 '단벌 신사'였던 것이다.

성서시대 농부들에게 한 벌뿐인 겉옷은 현대인들이 상상하기 힘든 특별한 의미가 있었다. 아무리 가난한 사람도 최후의 수단으로 겉옷을 전당 잡혀 돈을 빌릴 수 있었다. 이것은 겉옷 자체가 특별히 비싼 옷감으로 만들어졌기 때문이 아니라 겉옷의 네 귀퉁이에 달린 '술' 때문에 생긴 풍습이다. 히브리어로 '찌찌트'(ציצית)라 불리는 '술'은 '기다란 실'로 번역될 수 있는데, 이스라엘 사람들은 겉옷의 옷단 귀에 술을 달아 하나님의 계명을 좇는 하나님의 백성임을 나타냈다.

> 이스라엘 자손에게 명령하여 대대로 그들의 옷단 귀에 술을 만들고 청색 끈을 그 귀의 술에 더하라 이 술은 너희가 보고 여호와의 모든 계명을 기억하여 준행하고 너희를 방종하게 하는 자신의 마음과 눈의 욕심을 따라 음행하지 않게 하기 위함이라 그리하여 너희가 나의 모든 계명을 기억하고 행하면 너희의 하나님 앞에 거룩하리라
>
> _민 15:38–40

● 탈릿에 달려 있는 찌찌트

겉옷의 네 귀에 달린 술의 매듭은 사람마다 모두 달랐는데, 이 술의 매듭을 진흙 토판에 찍어서 자국을 남긴 후 돈과 양식을 빌릴 수 있었다. 오늘날 표현으로 한다면, 크레디트 카드나 인감 도장에 해당하는 것이다. 다른 점이라면 현대 사회가 여러 개의 크레디트 카드로 '돌려 막기'까지 하면서 소비를 한다면, 성서시대에는 단 한 벌의 겉옷으로 1회에 한정해서 마지막 수단으로 사용했다.

산업혁명 이후 잉여 생산물을 쌓아 놓을 수 있게 된 현대 사회와 달리 성서시대는 모든 재화와 상품이 한정되어 있었고, 대부분의 사람들은 부족함 가운데 살아야 했다. 보릿고개를 넘기기 위해 겉옷을 전당 잡혀서 목숨을 연명하는 경우도 많았을 것이다. 율법은 겉옷을 전당 잡혔을 때라도 해가 지기 전에는 반드시 돌려주라고 명령하고 있다. 이 겉옷이 밤에는 덮고 자는 이불 역할을 했기에 자칫 추위로 인해 목숨을 잃을 수 있기 때문이었다.

네가 만일 이웃의 옷을 전당 잡거든 해가 지기 전에 그에게 돌려보내라 그것이 유일한 옷이라 그것이 그의 알몸을 가릴 옷인즉 그가 무엇을 입고 자겠느냐 그가 내게 부르짖으면 내가 들으리니 나는 자비한 자임이니라 _출 22:26–27

그가 가난한 자이면 너는 그의 전당물을 가지고 자지 말고 해 질 때에 전당물을 반드시 그에게 돌려줄 것이라 그리하면 그가 그 옷을 입고 자며 너를 위하여 축복하리니 그 일이 네 하나님 여호와 앞에서 네 공의로움이 되리라 _신 24:12–13

가난한 자들을 대상으로 고리대금업을 하며 부를 축적한 사마리아의 부자들을 향해 아모스 선지자는 그들의 죄악을 낱낱이 고발하였다. 그들은 전당 잡은 겉옷을 가난한 자에게 돌려주지 않고 자신이 덮고 잠을 잠으로써 하나님의 율법을 어겼다.

모든 제단 옆에서 전당 잡은 옷 위에 누우며 그들의 신전에서 벌금으로 얻은 포도주를 마심이니라 _암 2:8

목숨이 경각에 달린 위기 상황에서 마지막 수단으로 전당 잡히는 물건이 겉옷이라고 볼 때, 이 땅에서 최후의 밤을 보내신 겟세마네 기도 현장에서 예수님이 하신 말씀은 당시의 급박했던 상황을 짐작하게 한다.

이르시되 이제는 전대 있는 자는 가질 것이요 배낭도 그리하고 검 없는 자는 겉옷을 팔아 살지어다 _눅 22:36

곧 자신을 체포하러 들이닥칠 대제사장의 하속들과 로마 군인들로 인해 예수님은 겉옷을 팔아 검을 사라고 이르신다. 그러나 이것은 예수님이 제자들에게 무력 봉기를 선동하기 위해 하신 말씀이 아니다. 상황을 제대로 인식하지 못하는 제자들에게 당시의 상황이 그 정도로 급박함을 주지시키려 했던 것이다. 자신을 체포하러 온 당국자들에 대항해 수제자 베드로가 칼을 꺼내 들자 이를 적극적으로 말리셨던 예수님이다.

> 이에 시몬 베드로가 칼을 가졌는데 그것을 빼어 대제사장의 종을 쳐서 오른편 귀를 베어버리니 그 종의 이름은 말고라 예수께서 베드로더러 이르시되 칼을 칼집에 꽂으라 아버지께서 주신 잔을 내가 마시지 아니하겠느냐 하시니라 _요 18:10-11

예수님은 산상수훈을 통해 자신을 따르는 제자들이 지켜야 할 새로운 계명을 주셨다. 율법은 겉옷을 전당 잡지 못하도록 명령하지만 예수님은 오히려 제자들을 송사하며 속옷을 가져가려는 자에게 겉옷까지 주라고 명령하셨다. 당시 겉옷의 의미를 생각할 때, 겉옷까지 아낌없이 주라는 산상수훈 말씀은 모세의 율법을 훨씬 초월하는 수준 높은 삶을 제자들에게 요구하신 것으로 볼 수 있다.

> 또 너를 고발하여 속옷을 가지고자 하는 자에게 겉옷까지도 가지게 하며 _마 5:40

위기의 때에 최후의 수단으로 사용할 수 있는 겉옷의 의미를 생각할 때, 심판의 급박한 상황에서 밭에서 일하던 농부들이 겉옷을 가지러 집 안으로 들어가는 것은 당연하지 않겠는가? 이들에게 겉옷은 현대인들의 '물방울 다이아몬드 반지'보다 더 소중한 마지막 보루에 해당하는 것이었다.

밭에 있는 자는 겉옷을 가지러 뒤로 돌이키지 말지어다 _마 24:18

CHAPTER

07

스데반의 순교 때
바울은 어떤 역할을 했을까?

겉옷과 사회적 권위

성 밖으로 내치고 돌로 칠새 증인들이 옷을 벗어 사울이라 하는 청년의 발 앞에 두니라 _행 7:58

오순절 성령 강림 이후 탄생한 초대교회가 배출한 최초의 순교자는 열두 사도들이 아니라 일곱 명의 행정 집사 중 하나인 스데반이었다.

온 무리가 이 말을 기뻐하여 믿음과 성령이 충만한 사람 스데반과 또 빌립과 브로고로와 니가노르와 디몬과 바메나와 유대교에 입교했던 안디옥 사람 니골라를 택하여 사도들 앞에 세우니 사도들이 기도하고 그들에게 안수하니라 _행 6:5-6

사도행전 7장은 대제사장과 산헤드린 공회원 앞에서 행한 스데반의 설교와 이로 인한 그의 죽음을 다루고 있다. 그리고 8장부터는 갑자기 등장한 핍박자 사울을 다룬다. 그러나 7장 끝부분에 나오는 사울의 모습에 주목하는 사람은 그리 많지 않다. 사울이 스데반을 돌로 직접 쳐 죽이지는 않았지만, 그는 분명 그 범죄 현장에 공모자 내지는 방관자로 있었다. 그렇다면 사울은 스데반의 순교(살인)와 관련된 형사 사건(?)에서 어떤 역할을 했을까? 스데반을 성 밖으로 끌어낸 무리는 돌로 치기에 앞서 자신들의 겉옷을 벗어 사울의 발밑에 두었다. '자신의 겉옷을 벗어 남의 발밑에 둔다'는 행위가 갖는 상징적인 의미를 이해할 때, 스데반의 순교와 관련해서 사울이 단순한 구경꾼 혹은 방관자였는지, 아니면 적극적 가담자 혹은 주동자였는지가 판가름 날 것이다.

겉옷, 사회적 권위의 상징

한 벌뿐인 겉옷은 그 사람의 사회적 권위를 상징했다. 왕과 선지자, 왕자 등의 권위가 그들이 입는 겉옷을 통해 드러났던 것이다.

예수님 당시 로마 제국은 매년 3월 17일이면 소년이 자라서 성인으로 데뷔하는 성인식을 가졌다. 이날의 절정은 소년 시절 입던 겉옷을 벗고 성인의 겉옷으로 갈아입는 예식이었다.

로마시대에는 겉옷을 갈아입음으로써 새로운 신분과 권위가 주어졌다. 바울은 예수 그리스도를 믿음으로 새로운 신분이 주어진 그리스도인들의 변화를 새로운 겉옷을 입은 것으로 묘사했다.

너희가 서로 거짓말을 하지 말라 옛 사람과 그 행위를 벗어 버리고 새 사람을 입었으니 이는 자기를 창조하신 이의 형상을 따라 지식에까지 새롭게 하심을 입은 자니라 _골 3:9–10

너희는 유혹의 욕심을 따라 썩어져 가는 구습을 따르는 옛 사람을 벗어 버리고 오직 너희의 심령이 새롭게 되어 하나님을 따라 의와 진리의 거룩함으로 지으심을 받은 새 사람을 입으라 _엡 4:22–24

누구든지 그리스도와 합하기 위하여 세례를 받은 자는 그리스도로 옷 입었느니라 _갈 3:27

• 소년 시절 입던 겉옷
(toga praetexta)

• 성인의 겉옷
(toga virilis)

또한 너희가 이 시기를 알거니와 자다가 깰 때가 벌써 되었으니 이는 이제 우리의 구원이 처음 믿을 때보다 가까웠음이라 밤이 깊고 낮이 가까웠으니 그러므로 우리가 어둠의 일을 벗고 빛의 갑옷을 입자 낮에와 같이 단정히 행하고 방탕하거나 술 취하지 말며 음란하거나 호색하지 말며 다투거나 시기하지 말고 오직 주 예수 그리스도로 옷 입고 정욕을 위하여 육신의 일을 도모하지 말라 _롬 13:11-14

겉옷과 관련된 성경 본문

겉옷을 보고 선지자 사무엘을 알아본 사울

영적으로 둔감한 엘리가 제사장으로 있을 때는 말씀이 희귀하고 이상이 보이지 않았다. 선지자 사무엘은 그러한 영적 암흑시대에 활동했다.

아이 사무엘이 엘리 앞에서 여호와를 섬길 때에는 여호와의 말씀이 희귀하여 이상이 흔히 보이지 않았더라 _삼상 3:1

사무엘의 탄생은 한나라는 불임 여성의 서원 기도를 통해 이뤄진다. 한나는 기도 응답으로 태어난 사무엘을 하나님의 집이 있는 실로의 성막에 바쳤다. 그리고 매년제를 위해 실로에 올라올 때마다 겉옷을 지어다 주었다.

그의 어머니가 매년 드리는 제사를 드리러 그의 남편과 함께 올라갈 때마다 작은 겉옷을 지어다가 그에게 주었더니 _삼상 2:19

사무엘은 선지자로 사역하는 동안 늘 어머니가 지어 준 겉옷을 입고 다녔는데, 이 겉옷의 모양만으로도 백성은 사무엘을 알아볼 수 있었다. 사무엘이 죽고 블레셋과의 전면전을 앞둔 상황에서 사울은 다급한 나머지 엔돌에 있는 신접한 여인을 찾아갔다. 무당의 영매술로 사무엘의 영을 불러낸 사울은, 평상시에 사무엘이 입고 있던 겉옷만으로도 그를 즉시 알아보고 넙죽 절을 했다. 사무엘의 겉옷에는 선지자로서 그의 권위가 담겨 있었기 때문이다.

사울이 그에게 이르되 그의 모양이 어떠하냐 하니 그가 이르되 한 노인이 올라오는데 그가 겉옷을 입었나이다 하더라 사울이 그가 사무엘인 줄 알고 그 얼굴을 땅에 대고 절하니라 _삼상 28:14

겉옷을 다윗에게 준 요나단

사울의 첫째 아들인 요나단은 사울의 뒤를 이어 이스라엘의 대권을 쥘 세자로서의 권위가 있었다. 하지만 요나단은 하나님의 뜻이 자신이 아닌 다윗에게 있음을 알았고 이를 믿음으로 받아들였다. 이런 요나단의 믿음은 자신의 겉옷을 벗어 다윗에게 주는 상징적인 행동을 통해 잘 드러난다. 요나단의 겉옷에는 차기 대권자로서의 권위가 함축적으로 들어 있었다. 이런 겉옷을 다윗에게 준다는 것은 다윗과 의형제의 정표를 나누는 물건, 그 이상의 의미가 있었다.

> 요나단은 다윗을 자기 생명같이 사랑하여 더불어 언약을 맺었으며 요나단이 자기가 입었던 겉옷을 벗어 다윗에게 주었고 자기의 군복과 칼과 활과 띠도 그리하였더라 _삼상 18:3–4

엘리사를 위해 겉옷을 남기고 승천한 엘리야

선지자 엘리야는 여리고에서 승천하기에 앞서 자신을 따르는 엘리사를 후계자로 세웠다. 자신의 임박한 승천을 앞두고 엘리야는 엘리사의 소원을 물었다. 이때 엘리사는 엘리야의 영감이 자신에게는 두 배 있기를 간구했다.

> 건너매 엘리야가 엘리사에게 이르되 나를 네게서 취하시기 전에 내가 네게 어떻게 할 것을 구하라 엘리사가 가로되 당신의 영감이 갑절이나 내게 있기를 구하나이다 _왕하 2:9(개역한글)

엘리야는 불수레를 타고 회오리바람과 함께 승천하면서 자신의 겉옷을 후계자인 엘리사를 위해 남겨 두었다. 엘리야는 왜 겉옷을 남겨 두고 승천한 것일까? 불수레와 불말을 타고 가서 따뜻하니까? 아니면 하늘나라는 난방이 잘 되어서 겉옷이 굳이 필요 없기 때문에? 엘리야가 남기고 간 겉옷에는 선지자로서의 모든 권위와 영감이 들어 있었다. 엘리야는 갑절의 영감을 구한 엘리사의 소원을 들었고, 이를 위해 특별히 자신의 겉옷을 남기고 간 것이다(왕하 2:11-13).

엘리야의 겉옷을 가지고 엘리사는 요단 강을 가르는 첫 번째 기적을 행함으로써 화려하게 선지자로 데뷔하였다.

엘리야의 몸에서 떨어진 그의 겉옷을 가지고 물을 치며 이르되 엘리야의 하나님 여호와는 어디 계시니이까 하고 그도 물을 치매 물이 이리 저리 갈라지고 엘리사가 건너니라 _왕하 2:14

죽음을 앞두고 디모데에게 겉옷을 가져오라 한 바울

디모데후서는 바울이 쓴 최후의 서신으로 자신의 임박한 죽음을 예견한 복음 전도자 바울의 비장한 각오가 잘 나타나 있다. 로마의 감옥에 재투옥된 바울은 젊은 사역자 디모데를 보고 싶어 했다. 그것도 겨울이 오기 전에 속히 오라고 권하고 있다.

너는 겨울 전에 어서 오라 으불로와 부데와 리노와 글라우디아와 모든 형제가 다 네게 문안하느니라 _딤후 4:21

지중해는 10월부터 우기인 겨울철이 본격적으로 시작되는데, 이때는 풍랑이 심해져 항해가 금지되었다. 이 때문에 바울은 곧 겨울이 닥치면 이듬해 4월까지는 자신이 키운 젊은 사역자 디모데를 보지 못할 것을 염려했다. 바울은 자신이 6개월간의 겨울을 버티지 못할 것으로 보았기 때문에 겨울이 오기 전에 속히 오라고 한 것이다. 바울은 아마도 자신의 죽음을 예상한 것 같다.

바울은 디모데에게 몇 가지 챙겨 올 것을 부탁했다. 이는 드로아에 두고 온 자신의 겉옷과 가죽 종이에 쓴 책이다.

> 네가 올 때에 내가 드로아 가보의 집에 둔 겉옷을 가지고 오고 또 책은 특별히 가죽 종이에 쓴 것을 가져오라 _딤후 4:13

가죽 종이에 쓴 책이란 두루마리 성경을 가리킬 것이다. 그렇다면 바울은 왜 디모데에게 자신의 겉옷을 챙겨 오라고 당부한 것일까? 제대로 난방이 되지 않는 로마의 감옥에서 겨울을 나기 위해 몸을 덮어 줄 겉옷이 필요했던 것일까?

바울은 임박한 자신의 죽음을 앞두고 젊은 사역자 디모데를 불러 사도로서 자신의 권위를 위임하고자 했을 것이다. 그리고 이때 필요한 것이 바울의 권위가 담겨 있는 겉옷과 가죽 양피지에 씌어진 두루마리 성경이었을 것이다. 바울은 이 두 가지를 가져다 놓고 디모데에게 안수하려고 했던 것이다. 바울은 젊은 사역자 디모데에게 자신의 권위를 위임하는 의식을 감옥에서 숙연하게 진행하길 원했던 것이다.

예루살렘에 입성하는 예수님의 발 아래 겉옷을 벗어 둔 무리

마지막 유월절을 앞두고 벳바게에서 나귀를 타고 승리의 입성을 하신 예수님의 모습은, 복음서에서 가장 영적인 카타르시스를 느끼게 해주는 부분이다. 예수님이 예루살렘 성에 입성하실 때 감람 산 위에 모인 수많

• 가죽종이에 씌어진 두루마리 성경

은 순례객들은 자신의 겉옷을 예수님 앞에 깔고 열화와 같은 환호성을 질러 댔다.

> 많은 사람들은 자기들의 겉옷을, 또 다른 이들은 들에서 벤 나뭇가지를 길에 펴며 앞에서 가고 뒤에서 따르는 자들이 소리 지르되 호산나 찬송하리로다 주의 이름으로 오시는 이여 찬송하리로다 오는 우리 조상 다윗의 나라여 가장 높은 곳에서 호산나 하더라 _막 11:8-10

유대인 역사가 요세푸스의 기록에 따르면, 유월절과 같은 큰 축제를 위해서 감람 산 위에 있는 베다니와 벳바게에는 갈릴리에서 내려오는 순례객들을 위한 임시 텐트촌이 세워졌다고 한다. 예루살렘 성은 전국에서 몰려드는 순례객들을 모두 수용하기에는 턱없이 작았기 때문이다. 예수님은 벳바게에서 나귀를 타고 입성하심으로써 스가랴 선지자의 예언을 그대로 이루셨다.

> 시온의 딸아 크게 기뻐할지어다 예루살렘의 딸아 즐거이 부를지어다 보라 네 왕이 네게 임하시나니 그는 공의로우시며 구원을 베푸시며 겸손하여서 나귀를 타시나니 나귀의 작은 것 곧 나귀 새끼니라 _슥 9:9

벳바게의 텐트촌에 구름 떼처럼 모여든 갈릴리 출신의 순례객들은 같은 고향인 갈릴리에서 온 능력의 선지자 예수님을 보고 승리의 환호를 불렀다. 이들은 공생애 사역 기간 동안 하나님의 신이 함께하는 예수님의 놀라운 기적들을 목격했다. 그리고 스가랴 선지자의 예언대로 나귀를 타고 내려가는 예수님을 위해 자신들의 겉옷을 길에 펼쳤다.

그들은 예수님을 통해 메시아적 소망을 보았고, 예수님이라면 충분히 로마의 압제에서 자신들을 구원해 줄 것이라고 믿어 의심치 않았다. 무리가 예수님의 앞길에 자신들의 권위와 정체성이 담긴 겉옷을 깔았다는 것은 예수님의 권위에 순종하겠다는 의미였다. 예수님이 로마의 꼭두각시 정권을 타도하는 무장 궐기의 선봉대에 서 준다면 자신들은 기꺼이 따르겠다는 정치적인 의미도 담겨 있었다.

유월절에 예루살렘에 모인 수많은 군중의 행동은 세례 요한의 뒤를 잇는 슈퍼스타 예수님의 인기를 반영한다. 이것은 한편으로 유대 땅을 다스리던 로마와 로마에 빌붙어 살아가는 친로마파 유대인의 등골을 오싹하게 했을 것이다.

사울의 발밑에 겉옷을 둔 무리

성서시대 겉옷이 가지는 의미와 '겉옷을 남의 발밑에 둔다'는 말이 주는 특별한 의미를 이해할 때, 최초의 순교자 스데반과 관련된 사울의 역할에 대한 궁금증도 쉽게 풀린다. 스데반을 성 밖으로 끌고 나온 무리는 스데반을 돌로 치기 전에 자신들의 겉옷을 사울의 발밑에 두었다.

현대인들에게 큰일을 앞두고 겉옷을 벗는다는 것은 제대로 한번 해보겠다는 각오를 의미한다. 팔을 걷어붙이는 것과 같이 적극적인 가담을 의미한다. 그렇다면 그들은 왜 겉옷을 벗어 사울의 발 앞에 두었을까? 단순히 사울에게 겉옷을 맡기기 위해서인가?

앞에서 성서시대에 '겉옷을 남의 발밑에 둔다'는 것은 자신의 권위를 남에게 온전히 맡기고 순복한다는 의미가 있다고 했다. 이를 볼 때 사울은 스데반을 끌고 나온 무리를 총지휘하는 리더였던 것 같다. 로마 제국의 압제 하에서 사형 집행권을 빼앗긴 당시로서는 스데반을 돌로 쳐서 죽일 경우에 발생할 문제들이 염려되었을 것이다. 이 때문에 무리는 자신들의 수장인 사울의 발밑에 겉옷을 맡김으로써 사울의 재가를 기다렸고, 사울은 이들의 행위를 허락하는 찬성 투표를 했을 것이다(행 26:10). 즉 무리가 스데반을 죽이기 전에 자신들의 겉옷을 사울의 발밑에 둔 것을 볼 때, 사울은 스데반의 죽음과 관련해 단순 가담자가 아니라 적극적인 가담자요 주동자였던 것이다.

CHAPTER

08

혈루증을 앓던 여인은
왜 예수님의 겉옷에 손을 댔을까?

겉옷과 계명의 아들

열두 해 동안이나 혈루증으로 앓는 여자가 예수의 뒤로 와서 그 겉옷 가를 만지니 이는 제 마음에 그 겉옷만 만져도 구원을 받겠다 함이라 _마 9:20-21

열두 해 동안 혈루증을 앓던 여인이 예수님의 겉옷을 만지고 고침 받은 이야기는 언제 보아도 감동적이다. 성서시대 사회적 약자로서 소외 받던 여인이라서 더욱 동정이 가는데다 예수님의 겉옷을 만지기만 해도 나으리라는 믿음도 대단하고 또 그 믿음대로 불치병을 고침 받은 점도 감동적이다.

혹자는 여인의 이 대단한 믿음을 가리켜 '저스트 원터치'(Just One Touch) 믿음이라고 부르기도 한다. 우리의 믿음도 '알라딘의 요술램프'처럼 한 번만 비벼 주면, 아니면 여인처럼 '단 한 번의 터치'만으로 기도 응답을 즉각 받을 수 있다면 얼마나 좋을까? 동전을 넣고 버튼만 누르면 원하는 상품을 얻을 수 있는 자동판매기처럼 말이다.

그러나 부정한 혈루증 환자라는 당시의 사회적 편견에도 불구하고 무리 앞에 나타나 예수님의 겉옷에 손을 댄 여인의 믿음은 결코 '버튼 하나만 눌러댄' 단순하고 가벼운 행동이 아니었다. 혈루증 여인이 예수님의 겉옷에 손을 댄 것은 어떤 의미가 있을까? 이 여인은 어떻게 겉옷에 손을 대기만 하면 자신의 혈루증이 나으리라는 믿음에 도달할 수 있었을까?

겉옷과 하나님의 계명

유대인들에게 겉옷이 특별하고 소중한 이유는 겉옷의 네 귀에 달린 '술' 때문이다. 하나님께서는 이스라엘 백성에게 겉옷을 지을 때 술을 달라고 지시하셨는데, 이는 그 술을 보면서 이스라엘이 하나님의 계명 안에서 살아가는 '계명의 아들'임을 기억하게 하기 위해서였다.

이스라엘 자손에게 명령하여 대대로 그들의 옷단 귀에 술을 만들고 청색 끈을 그 귀의 술에 더하라 이 술은 너희가 보고 여호와의 모든 계명을 기억하여 준행하고 너희를 방종하게 하는 자신의 마음과 눈의 욕심을 따라 음행하지 않게 하기 위함이라 그리하여 너희가 내 모든 계명을 기억하고 행하면 너희의 하나님 앞에 거룩하리라

_민 15:38-40

예수님 당시에 바리새인과 서기관들은 자신들의 종교적 열심과 경건성을 드러내려는 수단으로 옷단 술을 이용했다. 술을 길게 늘어뜨림으로써 자신이 하나님께 충성하고 계명에 남다른 열심을 가지고 순종하고 있음을 보이려 한 것이다. '경문'은 기도할 때 이마에 차는 성구함을 가리킨다.

그들의 모든 행위를 사람에게 보이고자 하나니 곧 그 경문 띠를 넓게 하며 옷술을 길게 하고 _마 23:5

• 이마에 경문을 차고 기도하는 유대인 소년

때로는 술을 너무 길게 늘어뜨려 땅에 질질 끌려서 뒤에 오는 사람에게 밟히는 경우도 있었다. 서기관들이 '긴 옷'을 입고 다닌다는 것은 바로 이 옷단 술을 길게 늘어뜨리고 다닌다는 말이다.

> 긴 옷을 입고 다니는 것을 원하며 시장에서 문안 받는 것과 회당의 높은 자리와 잔치의 윗자리를 좋아하는 서기관들을 삼가라
>
> _눅 20:46

예수님은 기도할 때 ‘경문’을 차고 ‘옷단 술’을 착용하는 것을 문제 삼지 않았다. 그것은 하나님이 주신 계명이기 때문이다. 단지 예수님이 지적하신 것은 자신의 종교적 열심을 드러내려는 수단으로 경문을 남보다 크게 하고 술을 길게 늘어뜨리는 바리새인들의 외식적인 행동이었다.

1세기에 이스라엘 땅에서 사역하셨던 예수님도 기도할 때 경문을 차고 술이 달려 있는 겉옷을 입으셨을 것이다. 사마리아 여인은 예수님을 보고 바로 유대인으로 알아보았는데 이는 예수님의 복장이 1세기 유대인들의 복장과 같았기 때문이다.

> 사마리아 여자가 이르되 당신은 유대인으로서 어찌하여 사마리아 여자인 나에게 물을 달라 하나이까 하니 이는 유대인이 사마리아인과 상종치 아니함이러라 _요 4:9

하지만 예수님의 행적을 다루는 영화나 기독교 성화를 보면 예수님의 겉옷에 달려 있어야 할 ‘술’과 기도할 때 이마에 차야 할 ‘경문’이 제대로 묘사되어 있지 않다. 만일 이 모습을 사마리아 여인이 보았다면 단번에 예수님이 유대인임을 알아보지 못했을 것이다. 2000년 전 이스라엘 땅에서 사역한 역사적 예수님은 분명 ‘유대인 예수’였지만, 오늘날 우리가 상상하는 예수님의 모습은 성화에서 보는 것처럼 로마, 영국, 미국을 거쳐 서구화된 예수님일는지 모른다.

> 예수께서 대답하여 이르시되 어떤 사람이 예루살렘에서 여리고로 내

려가다가 강도를 만나매 강도들이 그 옷을 벗기고 때려 거의 죽은 것을 버리고 갔더라 _눅 10:30

많이 알려진 '선한 사마리아인의 비유'에 나오는 예수님의 말씀도 옷과 관련된 배경을 이해하고 읽는다면 새롭게 와 닿을 것이다. 비유에 나오는 강도 만난 자는 강도에 의해 옷이 완전히 벗겨졌고, 너무 맞아 반죽음 상태에 이르렀다. 사람이 입고 있는 옷을 통해 사회적 신분과 출신을 알아보았던 당시에 강도 만난 사람은 발가벗겨진 채로 버려졌기 때문에 아무도 그 사람에 대한 정보를 알 수 없었다. 더구나 그는 초주검 상태였기 때문에 말도 할 수 없었다. 제사장과 레위인들은 레위기에 나오는 의식적 정결법에 갇혀 있었기 때문에 신원을 확인할 길 없는 그 사람을 도울 수 없었다. 자칫 부정한 사람과의 접촉으로 자신이 부정하게 될까 두려웠기 때문이다.

온전한 자의 옷단 술 만지기

열두 해 동안 혈루증을 앓던 여인은 왜 예수님의 겉옷에 손을 댔을까? 예수님의 겉옷에 손을 대는 순간 특별한 전기가 흘러서 병이 낫게 될 것을 기대했을까? 현대인들의 관점에서 보면 이렇게 엉뚱하고 황당한 해석이 나올 수 있다.

여인은 예수님의 겉옷을 아무렇게나 만진 것이 아니다. 바로 겉옷의 네

• 옷단 술이 길게 늘어진 기도 숄을 쓰고 통곡의 벽 앞에서 기도하는 유대인들

귀퉁이에 달린 '옷단 술'을 만진 것이다. 앞서 설명한 대로 옷단 술이 가진 특별한 의미를 이해하고 나면 여인의 기이한 행동에 숨겨진 믿음의 비밀을 알 수 있다.

예수님 당시 1세기의 랍비 문헌에는 이런 말이 있다.

"온전하지 않은 자가 온전한 자의 옷단 술에 손을 대면 온전해진다."

이러한 1세기 유대인들의 믿음은 혈루증 여인뿐 아니라 다른 무리의 행동을 통해서도 쉽게 확인할 수 있다. 예수님이 가는 곳마다 많은 병자들이 예수님의 옷가에 손을 대었고 손을 대는 자마다 모두 나음을 받았기 때문이다.

> 아무 데나 예수께서 들어가시는 지방이나 도시나 마을에서 병자를 시장(市場)에 두고 예수께 그의 옷 가에라도 손을 대게 하시기를 간구하니 손을 대는 자는 다 성함을 얻으니라 _막 6:56

겉옷에 달린 옷단 술은 그 사람이 하나님과 맺고 있는 관계성을 의미하는 영적인 상징물이다. 마치 오늘날 십자가가 마귀를 쫓는다고 믿는 것처럼 성서시대 유대인들은 겉옷의 옷단 술이 그런 영적인 에너지와 파워가 있다고 믿었다.

랍비 문헌에서 말하는 '온전한 자'는 하나님과 특별하고도 친밀한 영적 관계를 맺고 있는 사람이다. 즉 하나님과 직접 통하는 사람, 하나님과의 관계에서 아무런 장애가 없는 '의인'을 가리킨다. 예수님은 1세기 이스라엘 땅에서 새롭게 떠오르는 랍비였고, 하나님의 능력으로 병든 자를 살리는 능력의 소유자였다. 이런 예수님의 옷단 술에 손을 대는 행위야말로 질병에서 나음 받는 가장 확실한 투자와 모험이 아니었겠는가!

하지만 여인이 예수님께 나아오기 위해서는 넘어야 할 장애가 몇 가지 있었다.

첫째, 자신을 부정한 자로 보는 뭇 사람들의 시선이었다. 율법은 여인이 생리 기간 동안 쏟아내는 피를 부정한 것으로 선언하고 있다.

> 어떤 여인이 유출을 하되 그의 몸에 그의 유출이 피이면 이레 동안 불결하니 그를 만지는 자마다 저녁까지 부정할 것이요 _레 15:19

혈루증 여인과 같이 정상적인 생리 기간이 아닌데도 피의 유출이 있으면 유출 기간 내내 부정하게 인식되었다. 결국 여인은 혈루증이 완치되기까지는 사람들과의 접촉을 피해 격리된 상태로 살아야 했다.

> 만일 여인의 피의 유출이 그의 불결기가 아닌데도 여러 날이 간다든지 그 유출이 그의 불결기를 지나도 계속되면 그 부정을 유출하는 모든 날 동안은 그 불결한 때와 같이 부정한즉 _레 15:25

둘째, 자신만 부정한 것이 아니라 자신과 접촉하는 모든 사람을 부정하게 만들 수 있다는 죄의식이었다. 피의 유출이 있는 여인은 자신과 닿는 물건과 사람을 모두 부정하게 만들었다.

그의 유출이 있는 모든 날 동안에 그가 눕는 침상은 그에게 불결한 때의 침상과 같고 그가 앉는 모든 자리도 부정함이 불결한 때의 부정과 같으니 그것들을 만지는 자는 다 부정한즉 그의 옷을 빨고 물로 몸을 씻을 것이며 저녁까지 부정할 것이요 _레 15:26-27

혈루증 여인이 무리에 둘러싸인 예수님의 겉옷에 손을 대기 위해서는 먼저 무리를 뚫고 나와야 했고, 그렇게 되면 어쩔 수 없이 많은 사람을 부정하게 해야 했다. 간신히 무리를 밀치고 몰래 예수님의 겉옷에 손을 댔다고 하자. 그렇게 되면 온전하신 예수님도 여인 때문에 부정해질 수 있었다.

여인은 이런 장애물들을 믿음으로 극복하고 예수님 한 분만 바라보고 나아왔다. 그리고 겨자씨 한 알과 같은 온전한 믿음으로 예수님의 겉옷에 손을 댔고 놀랍게도 자신의 혈루의 근원이 마른 것을 체험했다. 순간 환호성을 지를 뻔하던 자신의 입을 간신히 틀어막고 조용히 몰래 현장을 빠져나가려던 여인은 예기치 않은 상황에 봉착했다. 무리에 둘러싸여 이리 밀치고 저리 밀침을 당하시던 예수님이 여인의 행동을 눈치챈 것이다.

예수께서 그 능력이 자기에게서 나간 줄을 곧 스스로 아시고 무리 가운데서 돌이켜 말씀하시되 누가 내 옷에 손을 대었느냐 하시니 _막 5:30

여인이 계획하던 '치고 빠지기'(hit and run) 전략은 난관에 부딪쳤다. 여인은 결국 무리 앞에 자신을 드러낼 수밖에 없었다. 부정한 여인이라는 수치심과 많은 사람을 부정하게 했다는 죄의식을 가지고 군중 앞에 노출되어야 할 순간이 온 것이다.

여인이 자신을 드러내는 순간 모든 군중의 눈길이 예수님의 입에 쏠렸다. 예수님은 과연 여인을 어떻게 벌할 것인가? 여인은 허락도 없이 함부로 옷단 술을 만짐으로써 예수님의 권위를 손상시켰다. 1세기 당시의 랍비 문헌은 남의 옷단 술을 함부로 만질 경우 합당한 처벌을 받도록 명시하고 있다. 그런데 이러한 옷단 술을 만지고도 처벌을 면할 수 있는 사람이 있었다. 그것은 바로 옷단 술 소유자의 자녀들이었다.

자녀들은 아버지의 옷단 술을 만져도 아무런 법적인 저촉을 받지 않았다. 마치 경륜과 지혜의 상징인 할아버지의 수염을 지나가는 행인이 함부로 만지면 모욕이 되지만, 손주들이 만지면 용납되는 것과 같았다.

군중의 관심이 예수님께 쏠려 있을 때 예수님은 여인에게 놀라운 선포를 하셨다. 예수님이 여인을 '딸'이라고 부른 것이다.

> 예수께서 이르시되 딸아 네 믿음이 너를 구원하였으니 평안히 가라 네 병에서 놓여 건강할지어다 _막 5:34

예수님이 군중 앞에서 여인을 자신의 '딸'로 선포한 순간, 여인은 더 이상 죄의식으로 고통스러워할 필요가 없었다. 옷단 술의 주인인 예수님이 여인을 자신의 딸로 선포함으로써 처벌의 대상에서 면제되었기 때문이다.

예수님은 여인의 혈루증을 치료한 데서 만족하지 않고, 여인의 마음 가운데 있는 수치심과 죄의식까지 씻어 주기를 원하셨던 것이다.

CHAPTER

09

다윗은 왜 사울의 겉옷 자락을 찢고 마음에 찔렸을까?

겉옷 찢기와 권위의 손상

• 옷단 술

다윗의 사람들이 이르되 보소서 여호와께서 당신에게 이르시기를 내가 원수를 네 손에 넘기리니 네 생각에 좋은 대로 그에게 행하라 하시더니 이것이 그날이니이다 하니 다윗이 일어나서 사울의 겉옷 자락을 가만히 베니라 그리 한 후에 사울의 옷자락 벰으로 말미암아 다윗의 마음이 찔려 _삼상 24:4-5

다윗은 자신을 죽이려는 사울을 피해 유대 광야로 도망가면서 기약 없는 방랑자 신세가 되었다. 사무엘로부터 이스라엘의 왕으로 기름 부음 받았지만, 그때부터 다윗에게는 혹독한 광야 생활이 기다리고 있었다. 여전히 기세등등한 사울은 하나님의 뜻이 다윗에게 있음을 알게 된 뒤 호시탐탐 다윗을 죽이려고 혈안이 되었다.

사울 왕을 피해 다윗이 엔게디 광야의 한 동굴에서 추종자들과 함께 쉬고 있을 때, 사울이 뒤를 보러 동굴 안으로 들어왔다. 개역한글에서 '뒤를 보러'를 '발을 가리운다'로 표현하고 있는데, 이는 '용변을 본다'의 완곡한 표현이다.

길 가 양의 우리에 이른즉 굴이 있는지라 사울이 뒤를 보러 들어가니라 다윗과 그의 사람들이 그 굴 깊은 곳에 있더니 _삼상 24:3

다윗의 추종자들은 곧 하나님이 사울을 다윗의 손에 넘기신 것으로 해석했다. 여기에는 그럴 만한 이유가 있다. 다윗이 이때 사울을 죽였다면 기약 없는 방랑 생활에 종지부를 찍고 이스라엘의 차기 왕으로 화려하게 등극하는 시기를 상당히 앞당길 수 있기 때문이다.

'생각에 좋은 대로 행하라'며 추종자들이 부추기자, 다윗은 추종자들의 기대와는 전혀 다르게 사울의 겉옷 자락을 살짝 베는 것으로 만족했다. 당장 정적(政敵)인 사울을 베어 버릴 줄 알았던 추종자들은 다윗의 행동을 이해할 수 없었을 것이다.

그런데 더욱 놀라운 것은 이후에 다윗이 보여 준 행동이다. 다윗은 사울의 겉옷 자락을 벤 것만으로도 마음에 찔려 괴로워했다. 다윗이 사울을 죽인 것도 아닌데 왜 사울의 옷자락을 조금 벤 것 때문에 마음에 찔려 괴로워했을까? 다윗은 진정 개미 한 마리도 쉽게 죽이지 못하는 '겁쟁이'

• 엔게디 광야

란 말인가?

후에 이스라엘의 왕으로서 에돔, 모압, 블레셋, 아람 등 주변국들을 차례로 정복해 나간 '용사' 다윗의 모습을 볼 때, 다윗은 분명 마음이 여린 겁쟁이도, 낭만적인 로맨티시스트도 아니었다. 그렇다면 무엇이 그토록 다윗의 마음을 찔리게 한 것일까? '겉옷 자락을 베었다'는 다윗의 행동 속에 숨은 진정한 의미는 무엇일까?

옷단 술의 손상은 권위의 손상

성서시대 남녀가 걸치는 다섯 가지 옷 중 겉옷은 그 네 귀에 달린 '술'(tassel) 때문에 특별한 의미가 부여되었다. 즉 네 귀에 달린 술은 그 사람의 종교적, 사회적 권위와 정체성을 대변했다. 술은 네 개가 한 쌍을 이루었는데, 그 중 하나라도 손상을 입으면 4개 전체를 바꾸어야 할 만큼 소중하게 여겼다.

다윗은 엔게디 동굴에 들어와 용변을 보는 사울에게 접근해 그의 겉옷 자락을 살짝 베었는데, 다름 아닌 겉옷에 달린 '술'이었을 것이다. 애써 네 개의 술을 모두 자를 필요도 없었다. 하나만 잘라도 이미 그 겉옷은 치명적인 손상을 입었기 때문이다.

다윗은 사울의 몸을 해치지 않았지만, 사울의 겉옷에 달린 술 하나를 '싹뚝' 베어 버림으로써 사울 왕의 권위에 치명적인 손상을 주었다. 이것은 하나님을 경외하고 그분의 주권에 온전히 자신의 삶을 맡기던 다윗으로서는 결코 대충 넘어갈 문제가 아니었다. 하나님이 기름 부으신 왕의 권위를 손상시킨 자신의 행위 때문에 다윗은 지금 하나님 앞에서 괴로워하고 있는 것이다.

다윗은 왜 사울의 옷단 술을 베었을까?

그러면 하나님의 주권을 신뢰한 다윗은 왜 사울의 옷단 술을 자르는 '심각한' 행동을 했을까? 그것은 아마도 흥분한 추종자들 때문에 벌인 피치 못한 선택이었을 것이다. 당시 다윗의 추종자들은 도망자 다윗 편에 섬으로써 사울 왕의 '공공의 적'이 되었다.

정치계에서는 예나 지금이나 '줄을 잘 서야 한다'. 누가 왕이 될지 모르는 정치적 격변기에는 특히 그렇다. 정치적 격변기에 자칫 줄을 잘못 섰다가는 역적이 되어 삼족이 몰살당하기도 하고, 운 좋게 줄을 잘 서면 역적도 충신이 되기도 한다.

당시 사울은 이스라엘의 왕이었지만 왕권 말기로 갈수록 여기저기서 균열의 조짐이 보였다. 등극 초기에 비해 주변 대적들과 싸워 인상적인 성과를 올리지 못했고, 사무엘로부터 버림받고 다윗의 인기가 올라가면서부터는 심각한 우울증 증세마저 보였다. 왕권 말기에는 블레셋 등 주변의 대적들에 대항하는 일보다 자신의 정적인 다윗을 좇는 일에 더 혈안이 되었다. 이스라엘은 사사시대에서 왕국시대로 넘어가면서 상당한 '정치적 혼란기'를 겪고 있었다. 삼척동자도 이미 정신이 반쯤 나간 사울 왕권이 그리 오래가지 못할 것임을 알았을 것이다.

그럼에도 사울은 여전히 이스라엘의 왕으로서 무소불위의 권력을 쥐고 있었다. 사울 왕을 공식적으로 등진다는 것은 곧 '죽음'을 의미했다. 사울은 다윗의 도피를 도왔다는 이유만으로 놉에 있던 아히멜렉 대제사장과 85명의 제사장들을 모두 죽였던 것이다.

왕이 도엑에게 이르되 너는 돌아가서 제사장들을 죽이라 하매 에돔 사람 도엑이 돌아가서 제사장들을 쳐서 그날에 세마포 에봇 입은 자 팔십오 명을 죽였고 제사장들의 성읍 놉의 남녀와 아이들과 젖 먹는 자들과 소와 나귀와 양을 칼로 쳤더라 _삼상 22:18–19

블레셋의 침략을 당한 그일라 사람들이 다윗의 도움으로 구원을 받았지만, 결국 사울 왕의 보복이 두려워 다윗의 은신처를 알려 주며 다윗을 배반할 수밖에 없었던 것이 당시의 정치적 상황이었다.

다윗이 이르되 그일라 사람들이 나와 내 사람들을 사울의 손에 넘기겠나이까 하니 여호와께서 이르시되 그들이 너를 넘기리라 하신지라 _삼상 23:12

당시로서는 '사울 편에 서느냐, 다윗 편에 서느냐'는 곧 '사느냐 죽느냐'의 문제였다. 이런 상황에서 다윗을 따르며 함께 도망자가 된 600명의 추종자들은 그야말로 다윗과 한 배를 탄 공동 운명체였다. 그들이 다윗을 따를 수 있었던 것은 하나님께서 다윗과 함께한다는 확신 때문이었다. 이미 하나님의 기름 부으심이 사울에게서 다윗에게로 옮겨졌음을 감지했던 것이다. 또 하나님이 다윗을 왕으로 세우시는 그날, 도망자인 자신들의 인생도 180도 역전되리라고 기대했을 것이다.

이런 그들에게 정적인 사울이, 경호대장인 아브넬의 호위도 없이, 자신들이 은거하고 있던 동굴 속으로 용변을 보러 온 것이 아닌가! 이들은 분명 속으로 쾌재를, 아니 '빙고'를 외쳤을 것이고, 다윗이 단칼에 사울을 베어 버리도록 충동질했을 것이다.

순간 다윗은 자신이 쉽지 않는 선택의 기로에 서 있음을 느꼈다. 자신이 직접 칼로 죽이자니 하나님의 주권에 대한 도전이었고, 그렇다고 뒤로 꽁무니를 빼자니 흥분한 추종자들이 직접 사울을 죽일 수도 있는 살벌한 상황이었기 때문이다. 다윗은 결국 자기 손으로 사울 왕을 죽일 수는 없지만, 죽이는 것과 진배 없는 상징적이고 충격적인 행위를 함으로써 흥분한 추종자들을 진정시켜야 했다. 바로 사울의 겉옷에 달린 옷단술 하나를 싹뚝 베어 버리는 일이었다.

자기 사람들에게 이르되 내가 손을 들어 여호와의 기름 부음을 받은 내 주를 치는 것은 여호와께서 금하시는 것이니 그는 여호와의 기름 부음을 받은 자가 됨이니라 하고 다윗이 이 말로 자기 사람들을 금하여 사울을 해하지 못하게 하니라 사울이 일어나 굴에서 나가 자기 길을 가니라 _삼상 24:6-7

사울의 겉옷에 달린 옷단 술을 자른 다윗의 행동은 흥분한 추종자들의 마음을 순식간에 누그러뜨릴 정도로 과감한 행동이었다. 만약 사울의 옷단 술을 자른 것이 대수롭지 않은 행동이었다면, 이 일 후에 다윗의 마음이 찔리고 괴로워할 이유가 없었다. 또한 흥분한 추종자들을 무마시킬 수도 없었을 것이다.

다윗이 만약 눈앞에 찾아온 정적을 죽이지도 못하고 아무런 상징적 행위도 하지 못한 채 꽁무니를 뺐다면 어떻게 되었을까? 추종자들이 사울을 직접 죽였거나 아니면 다윗이 일국의 왕으로서 그릇이 되지 못함을 보고 실망해 뿔뿔이 흩어지지 않았을까?

사울은 왜 갑자기 다윗을 이스라엘의 왕으로 인정했을까?

다윗이 사울의 옷단 술을 자른 행위가 당시로서는 '범상치 않은' 특별한 의미가 있음은 사울의 반응을 통해서도 확인할 수 있다. 다윗은 자신이 숨어 있던 엔게디의 동굴에 들어와 '항문에 힘을 주고(?)' 나간 사울에게 그의 겉옷 자락의 옷단 술 하나가 자신의 손에 들려 있음을 알려 주었다.

내 아버지여 보소서 내 손에 있는 왕의 옷자락을 보소서 내가 왕을 죽이지 아니하고 겉옷 자락만 베었은즉 내 손에 악이나 죄과가 없는 줄을 오늘 아실지니이다 왕은 내 생명을 찾아 해하려 하시나 나

는 왕에게 범죄한 일이 없나이다 _삼상 24:11

사울은 자신의 겉옷에 달려 있어야 할 옷단 술 하나가 싹둑 잘려 다윗의 손에 있는 것을 보고 화들짝 놀라지 않을 수 없었다. 이스라엘 왕의 모든 권위가 실린 옷단 술이 다윗의 손에 들려 있다는 것은, 바로 다윗이 차기 이스라엘의 왕이 될 것임을 강력하게 암시했기 때문이다. 그러자 사울은 훗날 다윗이 왕이 되었을 때 자신과 후손들에게 선대해 줄 것을 간청했다.

보라 나는 네가 반드시 왕이 될 것을 알고 이스라엘 나라가 네 손에 견고히 설 것을 아노니 그런즉 너는 내 후손을 끊지 아니하며 내 아버지의 집에서 내 이름을 멸하지 아니할 것을 이제 여호와의 이름으로 내게 맹세하라 하니라 _삼상 24:20-21

사울의 옷단 술이 찢길 것을 예언한 사무엘

사울의 겉옷 자락에 달린 옷단 술 하나를 찢어서 다윗이 갖게 되는 상징적인 행동은 이미 사무엘 선지자의 예언을 통해서도 나타난 바 있다. 사무엘은 사울에게 기름 부은 선지자였지만, 또한 왕으로서의 사울을 버린 선지자이기도 했다. 사울은 아말렉을 진멸하라는 여호와의 명령을 온전히 순종하지 않고, 자신의 눈에 좋은 것과 나쁜 것을 취사 선택해서 나름대로 순종했다.

사울과 백성이 아각과 그의 양과 소의 가장 좋은 것 또는 기름진 것과 어린 양과 모든 좋은 것을 남기고 진멸하기를 즐겨 아니하고 가치 없고 하찮은 것은 진멸하니라 _삼상 15:9

이런 사울의 행동은 하나님의 진노를 초래했고, 결국 사무엘은 자신이 기름 부은 왕을 다시 폐해야 하는 상황에서 하나님께 부르짖으며 괴로운 밤을 보내야 했다.

내가 사울을 왕으로 세운 것을 후회하노니 그가 돌이켜서 나를 따르지 아니하며 내 명령을 행하지 아니하였음이니라 하신지라 사무엘이 근심하여 온 밤을 여호와께 부르짖으니라 _삼상 15:11

사울 왕은 결국 하나님의 버림을 받았고, 이런 사실은 사무엘 선지자를 통해 분명하게 선포되었다.

사무엘이 이르되 여호와께서 번제와 다른 제사를 그의 목소리를 청종하는 것을 좋아하심같이 좋아하시겠나이까 순종이 제사보다 낫고 듣는 것이 숫양의 기름보다 나으니 이는 거역하는 것은 점치는 죄와 같고 완고한 것은 사신 우상에게 절하는 죄와 같음이라 왕이 여호와의 말씀을 버렸으므로 여호와께서도 왕을 버려 왕이 되지 못

하게 하셨나이다 하니 _삼상 15:22-23

사무엘의 최종 선고를 들은 사울 왕은 거의 혼비백산, 기절초풍의 지경이 되었다. 사울은 즉시 잘못을 인정했고 자신의 행동을 그럴듯하게 변명하는 것도 잊지 않았다.

사울이 사무엘에게 이르되 내가 범죄하였나이다 내가 여호와의 명령과 당신의 말씀을 어긴 것은 내가 백성을 두려워하여 그들의 말을 청종하였음이니이다 _삼상 15:24

사울은 사무엘의 겉옷 자락을 붙잡고 하나님의 뜻을 돌이켜 달라고 간청했다. 그러나 사무엘은 단호하게 이를 뿌리쳤고, 이때 선지자 사무엘의 겉옷 자락에 있는 옷단 술 하나가 찢어지는 사태가 발생했다. 이 장면은 '이수일과 심순애'의 신파극에 나오는 '놓아라, 바지 끈 찢어진다'는 대사를 연상하게 하지만, 이 부분 역시 겉옷의 옷단 술과 관련된 것이다.

사무엘이 가려고 돌아설 때에 사울이 그의 겉옷자락을 붙잡으매 찢어진지라 _삼상 15:27

선지자로서 자신의 권위가 집약된 옷단 술이 찢기자 사무엘은 하나님이 사울을 버렸음을 재확증하며 선포한다. 그런데 이번에는 자신의 옷단 술을 찢은 사울의 행동과 관련해서 다음과 같이 말한다.

사무엘이 그에게 이르되 여호와께서 오늘 이스라엘 나라를 왕에게서 떼어 왕보다 나은 왕의 이웃에게 주셨나이다 _삼상 15:28

여기서 "왕에게서 떼어"는 히브리어 성경에서 '카라'(קרע)로 쓰였는데, 이는 '찢는다'는 의미의 동사다. 결국 사울의 옷단 술을 '찢어서' 왕보다 나은 왕의 이웃, 즉 사울의 사위이기도 한 다윗에게 넘겨주겠다는 말이다. 그런데 지금 사울 왕의 옷단 술 하나가 찢겨져 다윗의 손에 들려 있으니, 사울 왕이 그것을 보는 순간, 사무엘 선지자의 선포가 다시금 귓가에 쟁쟁하게 울렸을 것이다.

"여호와께서 오늘 이스라엘 나라를 왕에게서 '찢어서' 왕보다 나은 왕의 이웃에게 주셨나이다!"

겉옷을 찢어서 왕국의 권위를 손상시키는 행위는 선지자 아히야의 행동을 통해서도 나타난다. 하나님은 우상숭배를 멈추지 않는 솔로몬 왕을 징계하기 위해 그의 왕국에서 10지파를 떼어 여로보암에게 주고자 했다. 실로(Siloh) 출신의 선지자 아히야는 같은 요셉 지파 출신인 여로보암을 길에서 만나 자신의 겉옷을 열두 조각으로 찢어 그 중 열 조각을 여로보암에게 주었다. 이로써 솔로몬 왕국의 분열을 강력히 암시한 것이다.

그 즈음에 여로보암이 예루살렘에서 나갈 때에 실로 사람 선지자 아히야가 길에서 그를 만나니 아히야가 새 의복을 입었고 그 두 사람만 들에 있었더라 아히야가 자기가 입은 새 옷을 잡아 열두 조각으로 찢고 여로보암에게 이르되 너는 열 조각을 가지라 이스라엘의 하나님 여호와의 말씀이 내가 이 나라를 솔로몬의 손에서 찢어 빼앗아 열 지파를 네게 주고 _왕상 11:29–31

반면 자신이 직접 겉옷의 일부를 찢는 행위는 '크리아'(קריעה)라고 하는데, 이는 조문과 슬픔의 표시로서 행해졌다.

이에 다윗이 자기 옷을 잡아 찢으매 함께 있는 모든 사람도 그리하고 사울과 그의 아들 요나단과 여호와의 백성과 이스라엘 족속이 칼에 죽음으로 말미암아 저녁 때까지 슬퍼하여 울며 금식하니라 _삼하 1:11–12

다윗이 요압과 및 자기와 함께 있는 모든 백성에게 이르되 너희는 옷을 찢고 굵은 베를 띠고 아브넬 앞에서 애도하라 하니라 다윗 왕이 상여를 따라가 _삼하 3:31

욥이 일어나 겉옷을 찢고 머리털을 밀고 땅에 엎드려 예배하며 이르되 내가 모태에서 알몸으로 나왔사온즉 또한 알몸이 그리로 돌아가올지라 주신 이도 여호와시요 거두신 이도 여호와시오니 여호와의 이름이 찬송을 받으실지니이다 하고 _욥 1:20–21

그때에 사람 팔십 명이 자기들의 수염을 깎고 옷을 찢고 몸에 상처

를 내고 손에 소제물과 유향을 가지고 세겜과 실로와 사마리아로부
터 와서 여호와의 성전으로 나아가려 한지라 _렘 41:5

CHAPTER

10

범죄한 아담과 하와가 무화과 잎으로 만든 '치마'는 어떤 것일까?

허리띠

이에 그들의 눈이 밝아져 자기들이 벗은 줄을 알고 무화과나무 잎을 엮어 치마로 삼았더라 _창 3:7

에덴동산에서 뱀의 모습으로 나타난 사탄의 유혹에 빠져 선악과를 먹게 된 인간은 사탄의 말대로 하나님과 같아진 것이 아니라 전혀 예기치 않은 심리적 변화를 겪게 되었다. 그것은 그들의 눈이 밝아져 나체인 상대를 보고 '부끄러움'이라는 묘한 감정이 생긴 것이다. 이전에는 벌거벗었지만 부끄러움을 전혀 느끼지 않았던 것을 볼 때, 범죄로 말미암아 생긴 죄의식의 첫 번째 반응은 부끄러움과 수치심이었다.

아담과 그의 아내 두 사람이 벌거벗었으나 부끄러워하지 아니하니라 _창 2:25

서로의 벌거벗은 모습을 보고 부끄러움이 생기자 이들은 무화과나무 잎을 엮어 가장 부끄러운 부위를 임시변통으로 가렸다. 이때 우리말 성경은 '치마'를 만들었다고 했는데, 과연 이들이 만든 최초의 옷이 오늘날 흔히 볼 수 있는 그런 치마였을까?

타잔과 원시인의 복장은?

우리말 성경에 '치마'로 번역된 단어는 히브리어 성경에 '하고라'(חגורה)

로 되어 있다. '하고라'는 현대 히브리어에서도 자주 사용되는 단어인데, 이는 '허리띠'를 가리킨다. 그러면 아담과 하와가 '허리띠'로 부끄러운 부위를 가렸다는 말인데, '허리띠'로는 부끄러운 부위가 제대로 가려지지 않을 테니 오늘날 볼 수 있는 그런 허리띠는 아니었을 것이다.

'허리띠'로 번역되는 '하고라'는 원시인들이 허리를 중심으로 두르는 간단한 천(loincloth)을 가리킨다. 아프리카 원주민이나 타잔이 걸치고 다니는 가장 원시적인 의상이 바로 '하고라'인데, 옷이라기보다 '허리에 두른 간단한 천 조각'으로 생각하면 맞을 것이다.

허리띠

허리둘레에 걸치는 간단한 천인 하고라는 가장 원시적인 형태의 의상이다. 처음에는 하고라만 걸치다가 점차 속옷, 겉옷 등으로 옷이 다양해지자 하고라는 허리둘레를 묶는 '허리띠'로 단순화되었다. 허리띠는 동물의 가죽으로 만들거나 옷감으로 짜기도 했다. 가죽으로 된 허리띠는 엘리야와 다시 올 엘리야로 상징되는 세례 요한의 대표 의상이기도 하다.

그들이 그에게 대답하되 그는 털이 많은 사람인데 허리에 가죽 띠를 띠었더이다 하니 왕이 이르되 그는 디셉 사람 엘리야로다 _왕하 1:8

이 요한은 낙타털 옷을 입고 허리에 가죽 띠를 띠고 음식은 메뚜기

와 석청이었더라 _마 3:4

잠언 기자가 묘사한 현숙한 여인의 여러 활동 중 세마포로 만든 허리띠를 시장에 내다 파는 것이 나온다.

그는 베로 옷을 지어 팔며 띠를 만들어 상인들에게 맡기며 _잠 31:24

"허리를 동이라"

성서시대 속옷과 겉옷을 입은 상태에서 허리띠로 '허리를 동이다'(To gird one's loins), 즉 허리띠로 조여 주는 것은 여행이나 전투를 위한 준비 태세가 완료되었음을 의미했다.

출애굽 당일 하나님은 이스라엘 백성에게 허리에 띠를 띤 채로 유월절 어린 양을 급히 먹으라고 명령하셨다. 이것은 신호가 떨어지면 곧바로 애굽을 출발할 만반의 태세를 취하라는 뜻이다.

너희는 그것을 이렇게 먹을지니 허리에 띠를 띠고 발에 신을 신고 손에 지팡이를 잡고 급히 먹으라 이것이 여호와의 유월절이니라 _출 12:11

하나님은 예레미야 선지자에게 사명을 주시면서 '허리를 동이라'고 명령하셨다. 사명 완수를 위해 떠날 만반의 채비를 갖추라는 것이다.

그러므로 너는 네 허리를 동이고 일어나 내가 네게 명령한 바를 다 그들에게 말하라 그들 때문에 두려워하지 말라 네가 그들 앞에서 두려움을 당하지 않게 하리라 _렘 1:17

겉옷과 속옷을 입고 허리띠로 조이면 그 윗부분에 헐렁한 공간이 생긴다. 이곳을 가리켜 '전대'라고 했다.

너희 전대에 금이나 은이나 동을 가지지 말고 여행을 위하여 배낭이나 두 벌 옷이나 신이나 지팡이를 가지지 말라 이는 일꾼이 자기의 먹을 것 받는 것이 마땅함이라 _마 10:9–10

'전대'에는 돈만 넣는 것이 아니라 칼과 같은 무기를 숨겨 두기도 했다.

기브온 큰 바위 곁에 이르매 아마사가 맞으러 오니 그때에 요압이 군복을 입고 띠를 띠고 칼집에 꽂은 칼을 허리에 맸는데 그가 나아갈 때에 칼이 빠져 떨어졌더라 _삼하 20:8

이에 시몬 베드로가 칼을 가졌는데 그것을 빼어 대제사장의 종을 쳐서 오른편 귀를 베어버리니 그 종의 이름은 말고라 _요 18:10

남에게 허리띠를 채워 주는 것은 권위를 넘겨주는 위임식에서 가장 중요한 의식이기도 했다.

아론과 그의 아들들에게 띠를 띠우며 관을 씌워 그들에게 제사장의 직분을 맡겨 영원한 규례가 되게 하라 너는 이같이 아론과 그의 아들들에게 위임하여 거룩하게 할지니라 _출 29:9

네 옷을 그에게 입히며 네 띠를 그에게 띠워 힘 있게 하고 네 정권을 그의 손에 맡기리니 그가 예루살렘 주민과 유다의 집의 아버지가 될 것이며 _사 22:21

바울은 골로새 성도들에게 긍휼, 겸손, 온유, 인내의 '속옷'을 입고 그 위에 가장 중요한 사랑의 '허리띠'를 동여매라고 권면했다.

그러므로 너희는 하나님이 택하사 거룩하고 사랑 받는 자처럼 긍휼과 자비와 겸손과 온유와 오래 참음을 옷 입고 누가 누구에게 불만이 있거든 서로 용납하여 피차 용서하되 주께서 너희를 용서하신 것 같이 너희도 그리하고 이 모든 것 위에 사랑을 더하라 이는 온전하게 매는 띠니라 _골 3:12-14

CHAPTER

11

십계명을 받고 내려온 모세가 얼굴을 가린 수건은 과연 무엇일까?

터번과 베일

• 베일과 터번

모세가 그 증거의 두 판을 모세의 손에 들고 시내 산에서 내려오니 그 산에서 내려올 때에 모세는 자기가 여호와와 말하였음으로 말미암아 얼굴 피부에 광채가 나나 깨닫지 못하였더라 아론과 온 이스라엘 자손이 모세를 볼 때에 모세의 얼굴 피부에 광채가 남을 보고 그에게 가까이 하기를 두려워하더니 모세가 그들을 부르매 아론과 회중의 모든 어른이 모세에게로 오고 모세가 그들과 말하니 그 후에야 온 이스라엘 자손이 가까이 오는지라 모세가 여호와께서 시내 산에서 자기에게 이르신 말씀을 다 그들에게 명령하고 모세가 그들에게 말하기를 마치고 수건으로 자기 얼굴을 가렸더라 _출 34:29–33

남자들이 착용한 터번

금송아지 우상 사건 때문에 화가 나서 십계명 돌판을 바닥에 던져 깨뜨린 모세는 이 문제를 중보기도로 매듭짓고 다시 시내 산에 올라가 십계명을 받았다. 40일 주야를 떡도 먹지 않고 물도 마시지 않고 하나님을 대면한 모세는 십계명 돌판을 가지고 내려왔다. 그때 그 얼굴에서 하나님의 영광의 광채로 인해 빛이 났다. 이를 본 백성이 모세를 가까이하기를 두려워하자 모세는 수건으로 얼굴을 가렸다.

우리말 성경에 '수건'으로 번역되어 있지만, 오늘날 우리가 세수를 하고 얼굴을 닦는 그런 수건이 아니다. 이것은 성서시대 때 몸에 착용하던 다섯 가지 의상 중 하나인 '터번'을 가리킨다. 햇빛이 강한 중동 지방에서는 태양과 모래로부터 머리를 보호하기 위해 머리에 '터번'을 쓴다. 남자의 경우 터번을 쓴 뒤 이를 조이는 헤어밴드를 착용했는데, 헤어밴드는 남성미를 상징하는 것으로 여자들은 착용하지 않았다. 모세는 얼굴에서 나는 광채 때문에 헤어밴드로 조여 준 터번을 풀어서 얼굴을 가린 듯하다.

바울은 새 언약과 옛 언약을 비교하기 위해 터번으로 얼굴을 가린 모세의 이야기를 예로 들었다. 새 언약의 도래와 함께 옛 언약은 점차 소멸될 것이며 새 언약이 이를 덮을 것이다.

• 남자들이 착용하던 터번과 헤어밴드

우리가 이 같은 소망이 있으므로 담대히 말하노니 우리는 모세가 이스라엘 자손들에게 장차 없어질 것의 결국을 주목하지 못하게 하려고 수건을 그 얼굴에 쓴 것같이 아니하노라 그러나 그들의 마음이 완고하여 오늘까지도 구약을 읽을 때에 그 수건이 벗겨지지 아니하고 있으니 그 수건은 그리스도 안에서 없어질 것이라 오늘까지 모세의 글을 읽을 때에 수건이 그 마음을 덮었도다 그러나 언제든지 주께로 돌아가면 그 수건이 벗겨지리라 주는 영이시니 주의 영이 계신 곳에는 자유가 있느니라 우리가 다 수건을 벗은 얼굴로 거울을 보는 것같이 주의 영광을 보매 그와 같은 형상으로 변화하여 영광에서 영광에 이르니 곧 주의 영으로 말미암음이니라 _고후 3:12-18

예수 그리스도의 빛으로 조명을 받으면 얼굴을 가리고 있는 터번이 벗겨질 것이다. 세상의 신, 즉 사탄은 예수 그리스도 안에 있는 하나님의 영광의 광채를 보지 못하도록 터번으로 사람들의 얼굴을 가리고 혼미케 하지만, 예수 그리스도 안에 있는 자들은 그 빛을 그대로 받고 또 우리의 얼굴을 통해서 그 빛을 반사하게 될 것이다.

만일 우리의 복음이 가리었으면 망하는 자들에게 가리어진 것이라 그 중에 이 세상의 신이 믿지 아니하는 자들의 마음을 혼미하게 하여 그리스도의 영광의 복음의 광채가 비치지 못하게 함이니 그리스도는 하나님의 형상이니라 우리는 우리를 전파하는 것이 아니라 오직 그리스도 예수의 주 되신 것과 또 예수를 위하여 우리가 너희의

종 된 것을 전파함이라 어두운 데에 빛이 비치라 말씀하셨던 그 하나님께서 예수 그리스도의 얼굴에 있는 하나님의 영광을 아는 빛을 우리 마음에 비추셨느니라 _고후 4:3-6

예수 그리스도는 하나님의 영광의 광채 그 자체이고 그 안에 있는 성도들은 그 빛을 모세처럼 직접 받고 있는 자들이다.

이는 하나님의 영광의 광채시요 그 본체의 형상이시라 그의 능력의 말씀으로 만물을 붙드시며 죄를 정결하게 하는 일을 하시고 높은 곳에 계신 지극히 크신 이의 우편에 앉으셨느니라 _히 1:3

여자들이 착용한 베일

남자들이 '터번'을 쓴다면 여자들은 '베일'을 쓴다. 성서시대 여자들은 외출할 때 얼굴을 베일로 가리곤 했다. 이러한 남성용 터번과 여성용 베일이 우리말 성경에는 '너울', '화관', '면류관', '관', '모자', '수건' 등 다양한 단어로 번역되어 있다. 이것은 모두 머리에 두르는 천을 가리킨다.

종에게 말하되 들에서 배회하다가 우리에게로 마주 오는 자가 누구냐 종이 이르되 이는 내 주인이니이다 리브가가 너울을 가지고 자기의 얼굴을 가리더라 _창 24:65

• 여자들이 얼굴을 가리던 베일

내 사랑 너는 어여쁘고도 어여쁘다 너울 속에 있는 네 눈이 비둘기 같고 네 머리털은 길르앗 산 기슭에 누운 염소 떼 같구나 _아 4:1

무릇 시온에서 슬퍼하는 자에게 화관을 주어 그 재를 대신하며 기쁨의 기름으로 그 슬픔을 대신하며 찬송의 옷으로 그 근심을 대신하시고 그들이 의의 나무 곧 여호와께서 심으신 그 영광을 나타낼 자라 일컬음을 받게 하려 하심이라 _사 61:3

내가 의를 옷으로 삼아 입었으며 나의 정의는 겉옷과 모자 같았느니라 _욥 29:14

죽은 자들을 위하여 슬퍼하지 말고 조용히 탄식하며 수건으로 머리를 동이고 발에 신을 신고 입술을 가리지 말고 사람이 초상집에서 먹는 음식물을 먹지 말라 하신지라 _겔 24:17

내가 말하되 정결한 관을 그 머리에 씌우소서 하매 곧 정결한 관을 그 머리에 씌우며 옷을 입히고 여호와의 천사는 곁에 섰더라 _슥 3:5

성막에서 봉사하는 제사장은 세마포로 만든 특별한 터번을 머리에 둘렀다. 이것이 우리말 성경에는 '관'으로 번역되어 있다.

너는 가는 베실로 반포 속옷을 짜고 가는 베실로 관을 만들고 띠를

수 놓아 만들지니라 _출 28:39

성서시대 나병환자는 윗입술 위까지 얼굴을 가리고 다녀야 했는데, 이는 모세의 율법이 명령한 내용이다.

나병환자는 옷을 찢고 머리를 풀며 윗입술을 가리고 외치기를 부정하다 부정하다 할 것이요 _레 13:45

CHAPTER

12

세례 요한은 왜 예수님의 신발끈 풀기도 감당하지 못하겠다고 했을까?

신발과 신발끈 풀기

• 샌들과 신발끈(신들메)

성서시대 이스라엘 사람들이 몸에 걸치던 다섯 가지 옷 가운데 마지막으로 신발을 다룰 차례다. 신발을 옷의 분류 속에 넣는 것이 이상할지 모르지만, 신발은 발을 보호하는 옷에 속했다. 오늘날과 같은 운동화는 없었고, 지금도 중동 지역에서 볼 수 있는 샌들이 성서시대 이스라엘 사람들의 발을 보호하는 신발이었다.

샌들은 가죽이나 나무로 발바닥 밑창을 만들고 그 위에 '신발끈' 혹은 '신들메'로 불리는 끈으로 묶었다. 발을 보호하기 위해 밖에서는 샌들을 신고, 집 안에서는 맨발로 다녔다. 하지만 종은 밖에서도 맨발로 다녔다.

'탕자의 비유'에 나오는 둘째 아들은 유산을 두둑이 챙겨 아버지 품을 떠나 먼 나라로 갔지만 결국 모든 것을 탕진하고 종의 모습으로 돌아왔다. 이것은 그가 맨발로 돌아온 것에서 알 수 있다. 아버지는 아들의 신을 바꿔 준 것이 아니라 아들의 맨발에 신을 신겨 주었다.

> 아버지는 종들에게 이르되 제일 좋은 옷을 내어다가 입히고 손에 가락지를 끼우고 발에 신을 신기라 _눅 15:22

집 안으로 들어오고자 신을 벗을 때는 신발끈을 풀어야 하는데, 이것 역시 당시에는 종들이 하던 일이다. 예수님 당시에 제자들은 '신발끈 푸는 것을 제외하고' 종이 하던 것처럼 스승을 절대적 존경심을 가지고 섬겼다. 그러나 세례 요한은 메시아이신 예수님의 종이 되어 신발끈 풀어드리는 것도 기쁨으로 하겠으며, 더 나아가 그것도 자신에게는 과분한 직분이라고 고백했다. 이처럼 메시아의 길을 예비한 세례 요한은 자신을 철저히 낮추고 메시아만을 높였다. 신발끈은 당시 가장 하찮은 물건의 대명사였는데, 아브라함은 소돔 왕으로 인해 부자가 되었다는 말을 듣지 않기 위해 그에게서 하찮은 신발끈도 취하지 않겠다고 고백하고 있다.

네 말이 내가 아브람으로 치부하게 하였다 할까 하여 네게 속한 것은 실 한 오라기나 들메끈 한 가닥도 내가 가지지 아니하리라 _창 14:23

스스로 자원하여 신발을 벗는 것은 슬픔과 조의를 표하는 행위였다. 다윗은 자신의 아들인 압살롬이 반역하여 예루살렘으로 쳐들어오자 서둘러 요단 동편으로 피신해야 했다. 이때 감람 산을 넘어가며 신발을 벗고 맨발로 울면서 갔는데, 이는 아들의 반역으로 인한 슬픔을 나타내는 행위였다.

다윗이 감람 산 길로 올라갈 때에 그의 머리를 그가 가리고 맨발로 울며 가고 그와 함께 가는 모든 백성들도 각각 자기의 머리를 가리고 울며 올라가니라 _삼하 15:30

몸에서 가장 더러운 발과 그러한 발을 보호하는 신발은 더러움의 상징인데, 이러한 신발을 벗는 행위는 상대방에 대한 지극한 존경심을 나타내는 행위였다. 모세와 여호수아는 하나님의 사자 앞에서 신발을 벗고 경의를 표했다.

하나님이 이르시되 이리로 가까이 오지 말라 네가 선 곳은 거룩한

땅이니 네 발에서 신을 벗으라 _출 3:5

여호와의 군대 대장이 여호수아에게 이르되 네 발에서 신을 벗으라 네가 선 곳은 거룩하니라 하니 여호수아가 그대로 행하니라 _수 5:15

아모스는 북이스라엘의 여로보암 2세 때 활동한 선지자로, 북이스라엘의 수도인 사마리아의 부자들이 가난한 사람들을 대상으로 고리대금하는 것을 신랄하게 비판했다. 사마리아의 부자들은 빚을 갚지 못하는 채무자들을 하찮은 신 한 켤레를 받고 종으로 팔아넘겼다.

여호와께서 이와 같이 말씀하시되 이스라엘의 서너 가지 죄로 말미암아 내가 그 벌을 돌이키지 아니하리니 이는 그들이 은을 받고 의인을 팔며 신 한 켤레를 받고 가난한 자를 팔며 _암 2:6

재미있는 것은 신발이 때로는 '소유권'을 나타내는 상징으로도 사용된다는 점이다. 나오미의 기업 무를 자는 자신의 권리를 보아스에게 팔면서 자신의 신발을 건넸다. 이는 자신에게 있는 소유권을 넘긴다는 의미였다.

옛적 이스라엘 중에는 모든 것을 무르거나 교환하는 일을 확정하기 위하여 사람이 그의 신을 벗어 그의 이웃에게 주더니 이것이 이스라엘 중에 증명하는 전례가 된지라 이에 그 기업 무를 자가 보아스에게 이르되 네가 너를 위하여 사라 하고 그의 신을 벗는지라 _룻 4:7–8

CHAPTER 13

욥기는 왜 욥의 세 딸 이름만 기록했을까?

화장품과 향료 그리고 장신구

또 아들 일곱과 딸 셋을 두었으며 그가 첫째 딸은 여미마라 이름하였고 둘째 딸은 긋시아라 이름하였고 셋째 딸은 게렌합북이라 이름하였으니 모든 땅에서 욥의 딸들처럼 아리따운 여자가 없었더라 그들의 아버지가 그들에게 그들의 오라비들처럼 기업을 주었더라

_욥 42:13-15

'의인이 이 땅에서 받는 고난'에 대한 영적 통찰력을 주는 욥기의 말씀을 가지고 전혀 의외의 주제인 화장품과 향료 그리고 장신구에 대한 이야기를 하려고 한다. 욥은 노아와 같이 당대의 의인이었고 하나님께서 주신 복으로 인해 동방에서 가장 큰 재력가가 되었다.

그의 소유물은 양이 칠천 마리요 낙타가 삼천 마리요 소가 오백 겨리요 암나귀가 오백 마리이며 종도 많이 있었으니 이 사람은 동방 사람 중에 가장 훌륭한 자라 _욥 1:3

하지만 사탄의 참소로 욥은 하루아침에 모든 재산은 물론 자식들까지도 잃고 말았다. 욥 자신은 발바닥에서 정수리까지 악창이 나서 재에 앉아 기와 조각으로 몸을 긁는 신세로 전락했다. 하지만 극심한 고난 중에도 하나님을 저주하거나 원망하지 않은 욥에게 하나님은 갑절의 복으로 보상해 주셨다.

욥기 1장에는 7명의 아들과 3명의 딸이 등장한다.

그에게 아들 일곱과 딸 셋이 태어나니라 _욥 1:2

하나님은 모든 고난의 시험을 잘 통과한 욥에게 7명의 아들과 3명의 딸을 다시 주셨다. 그런데 재미있는 것은 서론에서는 자식들의 이름이 전혀 거론되지 않다가 결론에 이르러서 자식들의 이름이 구체적으로 거론된다는 점이다. 더구나 7명의 아들 이름은 한 명도 언급되지 않고 3명의 딸 이름만 소개되고 있다.

그가 첫째 딸은 여미마라 이름하였고 둘째 딸은 긋시아라 이름하였고 셋째 딸은 게렌합북이라 이름하였으니 _욥 42:14

욥의 세 딸의 이름과 그 의미를 통해 성서시대의 화장품과 향료 그리고 장신구가 어떠했는지 엿볼 수 있다. 성서시대 여인들은 화장품과 향수를 사용했을까? 물이 귀한 중동 지방에서 그들은 과연 며칠에 한 번씩 목욕을 하고 또 빨래를 했을까? 아마도 목욕과 빨래는 연례행사(?)일 만큼 드물었을 것이다. 그러면 몸이나 옷에서 나는 불결한 냄새를 어떻게 참았을까? 이들이 화장품과 향수를 사용했다면 혹시 악취 제거제의 대용은 아니었을까?

욥의 셋째 딸은 '눈 화장'을 좋아했다?

욥의 자식들 이름이 결론 부분에서 구체적으로 언급되는 것은 그 이름들 속에 특별한 의미가 숨어 있기 때문이다. 욥의 셋째 딸 이름은 '게렌합북'이다. '게렌'은 히브리어 발음으로는 '케렌'(קֶרֶן)인데, '케렌'은 소나 양과 같은 동물의 '뿔'(horn)을 가리킨다. 액체나 가루를 보관하는 통으로 사용되었다.

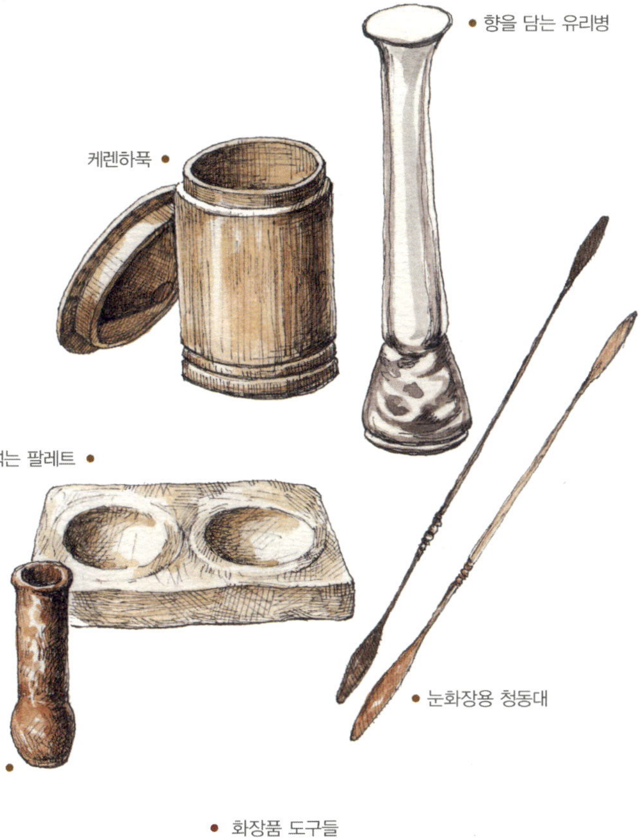

화장품 도구들

'합북'은 히브리어 발음으로는 '하푹'(הפוך)으로, 여기서 '하'(ה)는 영어의 정관사인 'the'에 해당한다. 우리말 성경은 케렌하푹을 게렌합북으로 표기하고 있다. '북'은 히브리어 발음으로 '푹'(פוך)인데, 이것은 'kohl'로 불리는 '눈 화장에 쓰이는 검은 가루'를 가리킨다. 전혀 관련이 없는 것 같지만, 'kohl'에서 영어 단어인 '알코올'(alcohol)이 나왔다고 한다.

그러므로 욥의 셋째 딸 이름인 '게렌합북'은 그 의미가 '눈 화장에 쓰이는 검은 가루를 넣는 보관함'이 된다. 사람의 이름으로 쓰기에는 참 독특한 단어임에 틀림없다.

이집트와 바벨론 지역에서 눈 화장은 보편적이었는데, 햇빛과 곤충으로부터 눈을 보호하고 눈병을 예방하기 위해서였다. 'kohl'은 방연석(galena)으로 불리는 광물의 가루인데 짙은 검은색을 띤다. 이것을 눈썹에 발라서 눈을 크고 밝게 보이도록 했다.

눈 화장에 대한 이야기는 성경에 세 번 나오는데 모두 부정적인 예로 등장한다.

아합과 이세벨 부부가 바알을 숭배하자 하나님은 예후를 세워 아합 집안을 철저하게 숙청하신다. 예후는 하나님의 음성에 철저히 순종함으로써 이 일을 잘 감당했다. 이스르엘 별궁에 있던 이세벨은 반역자 예후가 찾아온 것을 보고 자신의 최후가 임박했음을 알았다. 이때 이세벨은 눈 화장을 하고 머리를 꾸며 왕비로서 마지막 위엄과 자존심을 지키려고 애를 썼다.

예후가 이스르엘에 오니 이세벨이 듣고 눈을 그리고 머리를 꾸미고 창에서 바라보다가 예후가 문에 들어오매 이르되 주인을 죽인 너 시므리여 평안하냐 하니 _왕하 9:30–31

예레미야와 에스겔 선지자는 유다의 패역한 죄를 음행하는 여인과 비교하면서 '눈에 화장하는 것'으로 묘사했다.

멸망을 당한 자여 네가 어떻게 하려느냐 네가 붉은 옷을 입고 금장식으로 단장하고 눈을 그려 꾸밀지라도 네가 화장한 것이 헛된 일이라 연인들이 너를 멸시하여 네 생명을 찾느니라 _렘 4:30

또 사절을 먼 곳에 보내 사람을 불러오게 하고 그들이 오매 그들을 위하여 목욕하며 눈썹을 그리며 스스로 단장하고 _겔 23:40

욥의 둘째 딸은 계피차를 좋아했다?

욥의 둘째 딸 이름인 '긋시아'는 히브리어 발음으로 '크찌아'(קציעה)인데, 이것은 계피(cinnamon)를 가리킨다. 계피는 몸과 옷에 뿌리는 향수로 성경에 자주 등장한다.

워단과 야완은 길쌈하는 실로 네 물품을 거래하였음이여 가공한 쇠

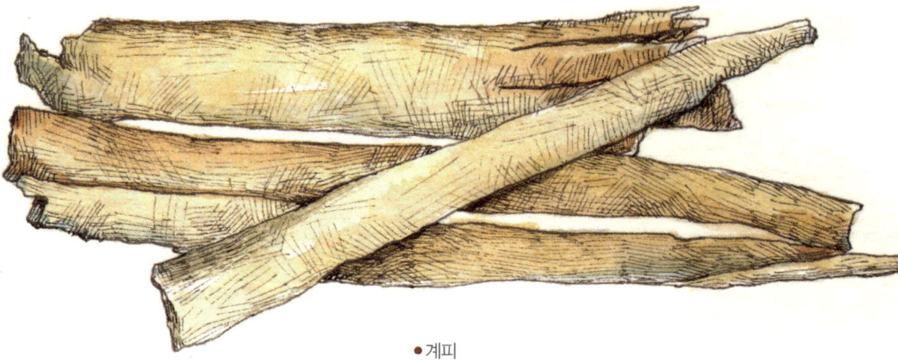

● 계피

와 계피와 대나무 제품이 네 상품 중에 있었도다 _겔 27:19

내 침상에는 요와 애굽의 무늬 있는 이불을 폈고 몰약과 침향과 계피를 뿌렸노라 _잠 7:16–17

왕의 모든 옷은 몰약과 침향과 육계의 향기가 있으며 상아궁에서 나오는 현악은 왕을 즐겁게 하도다 _시 45:8

나도와 번홍화와 창포와 계수와 각종 유향목과 몰약과 침향과 모든 귀한 향품이요 _아 4:14

고대 중동에서는 향수를 무척 좋아했는데, 성경에 최초로 등장하는 향료 만드는 자가 브살렐이었다.

거룩한 관유와 향품으로 정결한 향을 만들었으되 향을 만드는 법대로 하였더라 _출 37:29

성경에는 계피 외에도 몰약, 유향, 나드 등 많은 향료들이 등장하는데, 이런 향료들은 성전에서 기름 부을 때 사용하는 관유(anointing oil), 화장품, 의학용 약재, 장례용 향품 등 다양한 목적으로 사용되었다. 특히 성전 안에서 사용하는 관유는 거룩한 목적으로만 사용해야 했고 다른 용도로 사용하면 엄격한 형벌을 받았다.

이와 같은 것을 만드는 모든 자와 이것을 타인에게 붓는 모든 자는 그 백성 중에서 끊어지리라 하라 _출 30:33

성서시대 향수와 향료는 금과 은처럼 귀했는데, 히스기야 왕은 자신의 보물창고에 쌓아 놓은 금은과 향품을 바벨론 사절단에게 보여 주었다가 이사야 선지자한테 크게 꾸지람을 들었다.

히스기야가 사자들의 말을 듣고 자기 보물고의 금은과 향품과 보배로운 기름과 그의 군기고와 창고의 모든 것을 다 사자들에게 보였는데 왕궁과 그의 나라 안에 있는 모든 것 중에서 히스기야가 그

에게 보이지 아니한 것이 없더라 _왕하 20:13

사람의 뇌에는 5만 가지가 넘는 냄새를 구별하여 인식하는 센서가 있다고 한다. 향료의 향기가 오랫동안 뇌에 저장되듯이, 잠언 기자는 친구와의 우정을 향료의 아름다운 향기에 비유하고 있다.

기름과 향이 사람의 마음을 즐겁게 하나니 친구의 충성된 권고가 이와 같이 아름다우니라 _잠 27:9

대속죄일이면 지성소 안에서 온갖 향을 태워 연기를 자욱하게 하는데, 대제사장의 옷에 배어 따라다니는 다양한 향기들은 영(spirit)과 영의 신령한 접촉을 의미했다.

보석과 장신구

고대 중동에서 보석과 장신구는 화려한 치장 외에 특별한 목적을 가진 용도로 사용됐다. 바로 '사악한 눈'(evil eye)으로 불리는 악한 영의 공격을 막는 일종의 부적과 같은 것이었다. 하나님이 가인에게 준 '표' 역시 이러한 의미에서 보석이나 장신구의 한 종류일 가능성이 높다.

여호와께서 그에게 이르시되 그렇지 아니하다 가인을 죽이는 자는

● 보석 장신구 함

벌을 칠 배나 받으리라 하시고 가인에게 표를 주사 그를 만나는 모든 사람에게서 죽임을 면하게 하시니라 _창 4:15

이사야 3장 18~21절에는 어려운 이름의 장신구들이 등장하는데, 이를 통해 불운을 퇴치하려는 장신구의 독특한 목적을 이해할 수 있다.

주께서 그날에 그들이 장식한 발목 고리와 머리의 망사와 반달 장식과 귀고리와 팔목 고리와 얼굴 가리개와 화관과 발목 사슬과 띠와 향합과 호신부와 반지와 코 고리와 _사 3:18–21

향합(tubular soul case)은 '바테 네페쉬'(בתי נפש)라는 실린더 모양으로서, 여기에 질병과 불운을 쫓는 주문이 적힌 파피루스를 넣었다. 호신부는 '라하쉬'(לחש)라고 하는데, 뱀 모양의 부적을 가리킨다. 고대의 여인들은 뱀 모양의 부적을 손에 들고 다녔는데, 이슬람에서도 무함마드(마호메트)가 출현하기 전까지 아랍 여성들은 금 모양의 뱀 부적을 유방 사이에 넣고 다녔다고 한다. 이런 부적과 술법의 의미를 알고 예레미야 8장 17절 말씀을 읽어 보자.

여호와의 말씀이니라 내가 술법으로도 제어할 수 없는 뱀과 독사를 너희 가운데 보내리니 그것들이 너희를 물리라 하시도다 _렘 8:17

장신구는 대개 남녀가 공용으로 착용했는데, 이로써도 장신구가 걸치장 외에 불운을 쫓는 부적의 역할을 했음을 알 수 있다. 욥의 세 딸의 이름 중 비둘기를 의미하는 첫째 딸 '여미마'(ימימה)를 제외하고 두 딸의 이름은 화장품과 향료의 이름이다. 이는 단순히 딸들의 아름다움을 묘사한 것 외에 또 다른 의미가 함의된 작명(作名)일 것이다. 그것은 아버지인 욥이 자신의 경건함만으로는 퇴치할 수 없었던 지난날의 불운이 다시금 반복되지 않기를 바라며 혹시 찾아올 불운을 미연에 퇴치하기 위한 목적이 아니었을까?

CHAPTER 14

베드로가 잡아 성전세를 낸 '베드로고기'는 어떤 생선일까?

고기잡이와 그물(1)

• 베드로고기 요리

이스라엘에 오는 성지 순례객들에게 가장 큰 감동을 주는 장소는 뭐니뭐니 해도 갈릴리 호수일 것이다. 예수님과 열두 제자들의 활동 무대였던 갈릴리 호수는 지금도 전 세계 크리스천들이 가장 가보고 싶어 하는 성지 일순위로 꼽힌다.

갈릴리 호수를 순례하는 관광객들이 반드시 한끼 식사로 먹고 가는 생선 요리가 있는데, 일명 '성베드로고기'(Saint Peter Fish)다. 이탈리아에 피자, 스파게티가 있다면 이스라엘에는 갈릴리 해변의 베드로고기가 있다. 그만큼 전 세계 관광객들에게 유명한 음식이다.

식사를 마치고 나면 유명세에 비해 그리 뛰어난 맛도 아니고 유별난 요리도 아니어서 실망하는 낯빛이 역력하다. 그도 그럴 것이 다양한 양념으로 생선을 요리하는 한국식 조리법에 비하면, 베드로고기의 조리법은 단순하고 허접하기 이를 데 없기 때문이다. 베드로고기는 아무런 양념 없이 기름에 튀겨 감자튀김 또는 삶은 감자와 함께 나온다. 양념이라고는 소금과 레몬즙이 전부다.

그렇다면 베드로고기로 불리는 생선은 과연 어떤 생선일까? 그리고 이 생선은 왜 베드로고기라는 거룩한(?) 명칭이 붙었을까?

왜 베드로고기인가?

그러나 우리가 그들이 실족하지 않게 하기 위하여 네가 바다에 가서 낚시를 던져 먼저 오르는 고기를 가져 입을 열면 돈 한 세겔을 얻을 것이니 가져다가 나와 너를 위하여 주라 하시니라 _마 17:27

예수님의 수제자로 알려진 베드로가 갈릴리 호수에서 잡았을 것으로 여겨지는 이 생선에 '베드로고기'란 그럴듯한 이름이 붙여진 것은 마태복음 17장에 나오는 사건과 관련이 있다.

변화산에서 내려온 예수님은 제자들과 함께 가버나움에 들어가셨는데, 그곳에서 성전세 반 세겔 때문에 작은 실랑이가 벌어졌다.

> 가버나움에 이르니 반 세겔 받는 자들이 베드로에게 나아와 이르되 너의 선생은 반 세겔을 내지 아니하느냐 _마 17:24

성전세는 유월절이 시작되는 니산 월(4월경)의 전달인 아달 월(3월경) 1일부터 내기 시작한다. 이를 통해 본문의 시간적 배경을 짐작할 수 있다. 만 20세가 넘은 이스라엘 남자들이 의무적으로 납부하던 성전세를 예수님이 지지하셨는지는 확실히 알 수 없다. 하지만 베드로에게 낚시를 던져 가장 먼저 떠오르는 고기의 입에서 나온 세겔로 예수님과 베드로를 위한 성전세를 납부하도록 하신 사건은 무척 재미있고 우화적으로 보인다.

유대인 교사들이 전하는 교훈 중에는 신실한 유대인들이 하나님의 상급을 받는 여러 방식 가운데 물고기 뱃속을 갈라 보물을 발견한다는 이야기가 있다. 마치 마음씨 착한 흥부에게 제비가 물어다 준 박에서 보물이 나오는 우리의 전래 동화와도 흡사하다. 이런 이야기가 1세기 당시에도 유포되었는지 확실하지는 않지만 베드로는 이야기에서나 듣던 일이 자신에게 일어난 것을 보고 충격을 받았을 것이다. 아무튼 베드로고기라는 명칭은 여기서 비롯되었다.

베드로고기는 어떤 물고기일까?

낚시에 일가견이 있는 몇몇 순례객들은 베드로고기를 먹으면서 그 정체를 놓고 약간의 설전을 벌이기도 한다.

"향어과에 속하네."

"아니 무슨 소리야? 잉어과에 속하지."

사실 베드로고기는 갈릴리 호수에서만 잡히는 토종 생선이기 때문에 한국의 낚시 전문가들이 쉽게 그 정체를 밝힐 수는 없다. 갈릴리 호수에서 잡히는 생선은 18종류인데 이중 특별히 3종류가 식용으로 사용돼 상업적으로 중요했다.

첫째, 베드로고기란 이름으로 거룩하게 포장된 틸라피아 갈릴레아(Tilapia galilea)이다. 이 생선을 유대인들은 '암눈', 아랍인들은 '무쉬트'라고 부른다. '무쉬트'는 아랍어로 '빗'(comb)을 가리키는데, 이것은 이 생선의 등지느러미가 빗처럼 생겼기 때문에 붙여진 것이다. 은빛을 내는 몸통은 납작해서 튀김 요리에 적당한데, 굵직한 등뼈와 주변의 가시들이 쉽게 제거되기 때문에 먹기가 무척 쉽다. 무쉬트는 겨울이 시작되어 물이 차가워지면 북쪽의 연안으로 무리지어 옮겨 갔다가 봄이 되어 따뜻해지면 암수가 짝을 지어 사방으로 퍼진다. 짝을 이룬 무쉬트는 해변 가까운 곳에서 바닥을 파고 알을 낳는데 부모가 수정란을 2, 3주 정도 입에 머금어 부화를 돕는다. 무쉬트는 길이 40cm에 무게 1.5kg까지 자라며, 얕은 해변에서 그물로 잘 잡히는 생선에 속한다.

둘째, 유대인들의 안식일 정찬에 주 메뉴로 올라오는 바르부스 롱기

셉스(Barbus longiceps)다. 잉어과에 속하는 이 생선은 유대인들이 '바르부스'라고 부르는데 입 구석에 난 수염이 특징이다. 바르부스는 은빛의 긴 몸통에 뾰족한 머리가 있으며, 길이 80cm에 7kg까지 자라는 거대한 생선이다. 주로 호수 바닥의 연체동물과 달팽이, 정어리와 같은 작은 생선을 잡아먹는다.

셋째, 갈릴리 호수에서 잡히는 전체 어획량의 50퍼센트 이상을 차지하는 갈릴리 정어리(Kinneret Sardine)다. 상업용 생선 중 가장 작은 정어리(sardine)는 1년 중 짧은 기간 동안만 집단으로 다니기 때문에 다량으로 잡아 소금 염장해 장기간 보관해 두고 먹었다. 큰 생선은 상품성이 커서 곧바로 시장에서 팔렸지만, 다량으로 잡히는 작은 정어리는 소금 염장을 해서 오랫동안 보관해야 했을 것이다.

정어리는 성서시대 갈릴리 주변에 사는 사람들이 매일 먹는 주식으로 유명했는데, 오병이어 기적에 나오는 두 마리 생선도 소금에 절인 정어리였을 것이다.

1세기 당시 소금 염장업으로 유명했던 도시는 막달라였다. 막달라 출신의 마리아 때문에 유명해진 이 도시는 로마시대에 다리크아에(Tarichaea)란 이름으로 불렸는데 이것은 '절인 생선'을 의미하는 헬라어다.

> 또한 악귀를 쫓아내심과 병 고침을 받은 어떤 여자들 곧 일곱 귀신이 나간 자 막달라인이라 하는 마리아와 _눅 8:2

• 무쉬트

• 바르부스

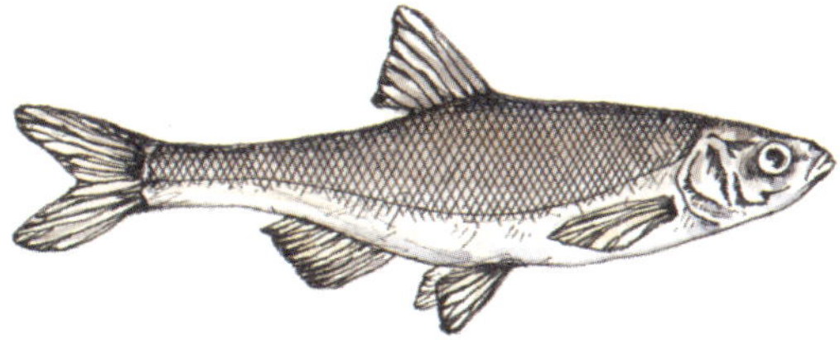

• 갈릴리 정어리

베드로고기 속에 숨겨진 오류

베드로가 성전세를 내기 위해 갈릴리 호수에 낚시를 던져 잡은 생선에서 유래한 베드로고기는 이스라엘에서 '무쉬트'로 알려진 생선이지만, 이런 전통적 믿음 속에는 오류가 있다. 호수의 플랑크톤을 먹고 자라는 무쉬트는 낚시로는 잡히지 않고 그물로만 잡히는 생선이기 때문에 베드로가 낚시를 던져서 잡은 고기는 무쉬트가 아니다. 예수님의 말씀을 직접 들었던 갈릴리 호수 주변의 1세기 청중들은 이 점을 잘 알았을 것이다.

성전세 납부를 위해 베드로가 낚시를 던져서 잡은 생선은 작은 정어리를 미끼로 잡는 바르부스일 가능성이 높다. 아니면 예수님이 낚시로 잡히지 않는 무쉬트를 베드로의 낚시 바늘에 걸리도록 기적을 베푸셨을 수도 있다. 하지만 예수님이 이처럼 그리 대수롭지 않은 일에 기적을 남발(?)하셨을 것 같지는 않다.

베드로고기와 함께 갈릴리 호수의 대표적인 관광 상품으로 오병이어 모자이크가 들어간 접시가 있다. 비잔틴 시대에 발견된 오병이어 모자이크 바닥 위에 세워진 오병이어 기념교회는 지금도 자신의 삶 속에 오병이어 기적이 재현되기를 바라는 수많은 성도들이 즐겨 찾는 곳이다. 그런데 이곳에 새겨진 오병이어 모자이크에도 오류가 있다.

바구니에 들어 있는 빵과 함께 양쪽에 새겨진 두 마리의 물고기는 갈릴리 호수에서는 결코 잡힐 수 없는 생선이다. 모자이크 속의 생선은 모두 두 개의 등지느러미를 가지고 있는데, 갈릴리에서 잡히는 모든 생선은 등지느러미가 한 개뿐이기 때문이다. 아마도 오병이어 모자이크를 새

● 오병이어 기념교회 안에 있는 오병이어 모자이크

겨 넣은 비잔틴 시대의 무명의 예술가는 성경적 지식 외에는 갈릴리 호수에 대한 배경 지식이 없었던 듯하다.

갈릴리 호수에서 잡힌 무쉬트(베드로고기)는 호수 주변에 있는 레스토랑으로 즉시 배달되어 프라이팬의 지글거리는 기름 속으로 옮겨진다. 탈무드에는 급하고 빠른 행동을 묘사할 때 'as from the sea into the frying pan'이라는 재미있는 말을 사용하는데, 호수에서 잡히는 베드로고기의 운명에서 나왔다고 한다. 지금은 관광객들의 수요를 감당할 수 없어 저수지에서 양식한 무쉬트를 레스토랑에 공급한다. 베드로고기의 정체가 무쉬트든 바르부스든 2000년 전 갈릴리 호숫가를 거니시던 예수님과 열두 제자의 모습을 그려 보며 아무런 양념 없이 허접하게 튀긴 베드로고기로 한끼 식사를 해결하는 것도 인상적인 추억이 될 것이다.

CHAPTER

15

제자들은 어떤 방법으로 고기를 잡았을까?

고기잡이와 그물(2)

성경에는 목축과 농사와 관련된 다양한 묘사와 기록이 등장하지만 의외로 어업과 관련된 표현은 그리 많지 않다. 이것은 이스라엘 백성이 '바다'가 아닌 '광야'의 백성으로서 농경과 목축을 주로 하는 문화에 속해 있었기 때문일 것이다.

지중해에 인접한 해안 평야는 역사적으로 이스라엘의 힘이 강성할 때에만 차지할 수 있었고, 많은 경우 이집트, 가나안, 블레셋, 로마 등 이민족 강대국들이 차지했다.

납달리 지파가 갈릴리 지역을 분배받았다는 기록이 있지만, 아시리아의 디글랏빌레셀 3세에 의해 정복되어(주전 732년) 일찌감치 이민족의 문화와 혼합되어 '이방의 갈릴리'로 불려 왔다.

남쪽의 홍해는 에돔과 끊임없이 힘겨루기를 한 곳으로 이스라엘의 힘이 강성했던 솔로몬, 웃시야 왕 때만 제한적으로 이스라엘의 영토로 편입되었다. 사해는 이스라엘이 차지했지만 33퍼센트에 달하는 높은 염도로 인해 물고기가 살 수 없는 곳이었다.

이스라엘은 바다와 별로 친하지 않은 광야의 민족인데다가 역사적으로도 특정한 시기를 제외하고는 바다로의 접근이 쉽지 않았다. 이런 까닭에 성경에는 어업과 관련된 기록이 많지 않고 표현도 모호한 경우가 많다.

갈릴리 지역은 신약시대 때 이스라엘의 역사로 재편입되면서 예수님과 열두 제자들의 주된 활동 무대가 되었다. 이런 이유로 신약성경에는 어업과 관련된 기록이 종종 눈에 띈다. 그러나 많은 경우 어업과 관련된 기록은 역사적이고 기술적인 묘사라기보다 신학적인 비유로 묘사되어 당시의 어업 지식이 없는 현대 그리스도인들이 이해하기 쉽지 않다.

갈릴리 호수 주변에서 고기를 잡는 기술은 예수님 당시부터 1950년대까지 큰 변화가 없었다. 그러나 1950년대 이후 합성섬유로 만든 투명 그물이 개발되어 낮에도 어업이 가능해지면서 짧은 기간 동안 많은 변화가 이루어졌다. 모터보트에 전기탐사기를 갖춘 현대식 어업 기술은 1940년대 연간 어획량이 500톤 내외였던 것을 1980년대 2,000톤 내외로 끌어올리는 비약적인 발전을 가져왔다. 현재는 65개 보트와 150여 명의 어부들이 갈릴리 지역에서 활동하고 있다.

대부분이 갈릴리 지역의 어부 출신인 예수님의 제자들은 어떻게 어부 생활을 했을까? 성경에는 일괄적으로 '그물'로 표현되어 있지만, 신약시대에 사용되던 서로 다른 세 종류의 그물과 그와 관련된 말씀을 살펴봄으로써 1세기 갈릴리 호숫가에서 고기를 잡던 어부들의 삶의 현장을 느껴 보도록 하자. 아울러 그물과 관련된 비유의 말씀들을 새롭게 되새겨 보자.

후릿그물(drag net)

후릿그물은 16명이 하나의 팀을 이루어 일사불란한 팀워크를 통해 물고기를 잡는 것이 특징이다. 8명의 선원은 해안에서 힘 있게 로프를 잡고 있고 나머지 8명의 선원은 배에 그물을 싣고 깊은 바다를 향해 노를 저어 간다. 그물 선이 더 이상 나아갈 수 없는 지점에 이르면 배의 방향을 90도 돌려 300m에 이르는 그물이 해안과 평행이 되는 방향으로 계속

노를 저어 간다. 그물이 모두 펼쳐지면 배를 다시 90도 꺾어 해안 쪽으로 노를 저어 돌아온다. 해안에 돌아오면 배에 타고 있던 8명의 선원이 내리고 반대쪽 로프를 잡는다. 이렇게 양쪽에서 8명씩 로프를 잡은 선원들은 힘 있게 로프를 끌어당긴다.

해안을 따라 평행으로 펼쳐진 그물은 가운데 부위가 8m, 양쪽 끝은 4m 높이로 벽을 형성하면서 물고기를 해안 쪽으로 몰아오게 된다. 그물의 밑쪽은 돌 무게추들을 달아 가라앉게 하고 위쪽은 코르크로 만든 부레를 달아 뜨게 해 자연스럽게 벽이 형성된다.

후릿그물은 물고기가 위험에 처하면 깊은 바다 쪽으로 향하는 성질을 이용해 300m의 그물 벽으로 물고기를 해안 쪽으로 쓸어오는 방법이다.

• 후릿그물로 물고기를 잡는 모습

주전 3000년 전 이집트 묘비의 벽화에도 후릿그물이 그려져 있는 것을 볼 수 있다. 이처럼 후릿그물은 가장 오래된 형태의 그물로서 한때 갈릴리 어부들에게 가장 중요한 도구였다. 비교적 큰 배를 이용하며, 한 번 작업할 때 한 시간 정도 걸리므로 하루에 8번 정도 반복해서 하룻동안 상당한 양의 어획고를 올렸다. 잡은 고기의 40퍼센트는 배와 그물 주인에게 돌아가고 나머지를 16명의 선원이 나눠 가졌다.

후릿그물이 등장하는 말씀들

또 천국은 마치 바다에 치고 각종 물고기를 모는 그물과 같으니 그물에 가득하매 물 가로 끌어 내고 앉아서 좋은 것은 그릇에 담고 못된 것은 내버리느니라 _마 13:47–48

이 말씀은 하나님 나라(천국)를 '그물로 고기 잡는 것'에 비유한다. 이 말씀에 나오는 그물은 헬라어로 '사게네'(σαγήνη)인데, 후릿그물을 가리킨다. 바다에 던지고, 해변으로 끌어오고, 그물 속에 각종 물고기가 잡히고, 어부들이 해변에 앉아 좋은 것과 나쁜 것을 구별하는 모습 등은 전형적인 후릿그물 고기잡이와 정확하게 맞아떨어진다.

여기서 말하는 '나쁜 물고기'는 분명 메기(catfish)를 가리킬 것이다. 갈릴리에서 많이 잡히는 메기는 1.25m 길이에 10kg까지 자란다. 메기는 지느러미가 있지만 비늘이 없어서 레위기 정결법에 따라 먹을 수 없는 부정

• 메기

한 생선에 속했다.

> 물에 있는 모든 것 중에서 너희가 먹을 만한 것은 이것이니 강과 바다와 다른 물에 있는 모든 것 중에서 지느러미와 비늘 있는 것은 너희가 먹되 물에서 움직이는 모든 것과 물에서 사는 모든 것 곧 강과 바다에 있는 것으로서 지느러미와 비늘 없는 모든 것은 너희에게 가증한 것이라 _레 11:9–10

이런 면에서 갈릴리 호수의 메기는 상당히 운이 좋았다. 만약 한국의 어부나 낚시꾼들을 만났다가는 잡히는 족족 메기 매운탕의 재료로 올라가 운명을 달리했을 것이다.

후릿그물의 사용법에 기초해서 볼 때, 적절하지 않은 묘사는 "그물에 가득하매"라는 표현이다. 후릿그물은 바다에 치고서 벽을 만들어 곧바로 해변으로 끌고 와야 한다. 그물에 물고기가 가득할 때까지 기다리는 것이 아니다. 후릿그물을 쳐놓고 물고기가 가득할 때까지 기다렸다가는 모든 물고기가 도망갈 것이기 때문이다. 이는 비유의 목적이 그물의 정확한 사용법과 테크닉을 설명하는 데 있는 것이 아니라, 하나님 나라의 속성을 가르치려는 신학적인 교훈에 있기 때문인 것으로 생각된다.

> 주께서 어찌하여 사람을 바다의 고기 같게 하시며 다스리는 자 없는 벌레 같게 하시나이까 그가 낚시로 모두 낚으며 그물로 잡으며 투망으로 모으고 그리고는 기뻐하고 즐거워하여 _합 1:14–15

물고기나 새를 그물로 잡는 것은 강력한 통치자를 나타내는 고대 근동의 문학적 표현이었다. 하박국 선지자는 유다를 심판하는 도구로 하나님이 세우신 강력한 제국 갈대아(바벨론)를 묘사하면서 고대의 문학적 기법을 사용하고 있다. 바다의 물고기들을 그물과 초망으로 모으고 기뻐하는 모습은 갈대아 제국을 가리키며, 그 그물에 속절없이 걸려서 옴짝달싹 못하는 물고기는 유다를 가리킨다. 잡힌 물고기의 40퍼센트를 차지하는 그물 주인의 기쁨을 잘 묘사하고 있다.

에스겔 선지자는 당시 지중해 바다를 주름잡던 바다 왕국 두로의 심판을 노래하고 있다.

> 바다 가운데에 그물 치는 곳이 되게 하리니 내가 말하였음이라 주

여호와의 말씀이니라 그가 이방의 노략거리가 될 것이요 _겔 26:5

우리말에도 '산을 좋아하는 사람은 결국 산에서 죽고, 바다를 좋아하는 사람은 결국 바다에서 죽는다'는 표현이 있는데, 하나님은 바다를 앞마당처럼 주름잡던 두로를 '바다 가운데 그물 치는 곳'이 되게 하여 하나님이 쳐놓은 후릿그물에 옴짝달싹 못하게 걸려들게 하실 것이다. 원숭이도 나무에서 떨어진다고 하듯이, 바다의 강자인 두로는 결국 바다에서 최종적인 멸망을 맞게 될 것이라는 말씀이다.

투망그물(cast net)

직경 6~8m인 원형의 투망그물은 어부가 혼자 해안가에서 물고기를 잡을 때 사용된다. 주전 2000년경 이집트 묘비의 벽화에 투망그물이 그려진 것을 볼 때, 투망그물은 후릿그물과 함께 고대부터 즐겨 사용되던 도구인 것 같다. 해안의 얕은 물가나 배 위에서 힘 있게 그물을 던지면 낙하산처럼 퍼지면서 물에 가라앉는데, 그물 끝에 무게추로 납을 달아 잘 가라앉도록 했다. 투망그물을 사용할 때는 물고기 근처로 조용히 접근해서 던져야 한다. 그런 다음 힘껏 로프를 잡아당기면 가운데 열린 부분이 닫히면서 물고기가 그물 안에 갇히게 된다

● 투망그물로 물고기를 잡는 모습

투망그물이 등장하는 말씀들

갈릴리 해변으로 지나가시다가 시몬과 그 형제 안드레가 바다에 그물 던지는 것을 보시니 그들은 어부라 예수께서 이르시되 나를 따라오라 내가 너희로 사람을 낚는 어부가 되게 하리라 하시니 곧 그물을 버려 두고 따르니라 _막 1:16–18

예수님은 고향 마을 나사렛을 떠나 가버나움에서 공생애 사역의 베이스캠프를 치셨다. 예수님은 갈릴리 호수에서 고기를 잡던 어부들 중에서 초기 제자들을 부르셨다. 어부들의 도시인 가버나움에서 서쪽으로 2km

떨어진 지점에 현지 지명으로 '타브하'로 알려진 지역이 있다.

'타브하'는 '7개의 샘'을 뜻하는 아랍어인데, 이 샘들에서 주변의 갈릴리 호수보다 따뜻한 물이 뿜어져 나오기 때문에 많은 물고기들이 몰려들었다. 가버나움의 어부들은 주로 '타브하'라 불리는 이곳에서 그물을 던지고 그물을 말리기도 했다. 예수님이 초기 제자들을 부르신 곳도 분명 타브하일 것이다. 예수님께 부름 받을 때 시몬과 안드레는 이곳에서 투망그물을 던지며 물고기를 잡고 있었을 것이다.

복음서에 기록된 물고기 잡는 것과 관련된 대부분의 사건은 이곳 타브하에서 일어난 것이다. 현재 이곳에는 요한복음 21장의 배경이 되는 베드로 수위권 기념교회가 있는데, 부활하신 예수님이 제자들을 다시 만나 첫사랑을 회복한 곳으로 알려져 있다. 예수님은 부활 후 제자들과 첫사랑의 추억이 서린 타브하에 다시 나타나셔서 관계를 회복시키셨다.

이외에 이사야, 에스겔서에도 투망그물과 관련된 말씀들이 나온다.

> 어부들은 탄식하며 나일 강에 낚시를 던지는 자마다 슬퍼하며 물 위에 그물을 치는 자는 피곤할 것이며 _사 19:8

> 주 여호와께서 이같이 말씀하셨느니라 내가 많은 백성의 무리를 거느리고 내 그물을 네 위에 치고 그 그물로 너를 끌어오리로다
>
> _겔 32:3

● 베드로 수위권 교회 안에 있는 바위.
예수님이 제자들을 위해 생선을 굽고 조반을 마련해 준 바위로 알려져 있다
(Mensa Christi : '주님의 식탁'이란 뜻의 라틴어).

삼중자망(Trammel net)

삼중자망은 고대부터 지금까지 사용되는 그물이다. 한 개의 그물벽만 있는 다른 그물들과 달리, 삼중자망은 그 이름처럼 '3개의' 그물벽으로 이루어져 있다. 양쪽 바깥에 있는 그물은 그물 간격이 12.5cm로 구멍이 큰 망사를 가지며, 중간에 있는 그물은 그 간격이 3.5cm로 촘촘한 망사를 가지고 있다. 중간에 있는 그물은 바깥층의 그물보다 느슨하게 걸려 있어서 자유롭게 미끄러져 나가고 들어올 수 있다.

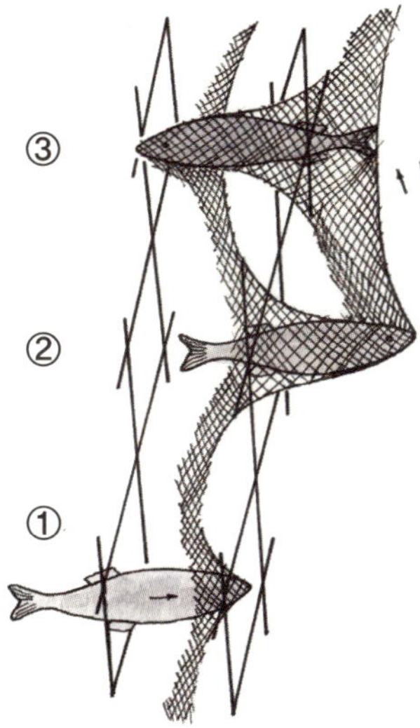

• 삼중자망 원리를 표현한 그림

• 3개의 그물벽

삼중자망을 사용하는 어부들은 저녁을 일찍 먹고 그물을 정리해서 천천히 노를 저어 깊은 바다로 갔다. 이때 배는 그물과 해안 사이에 위치하도록 잡는다. 어부들은 그물을 내린 뒤 노로 물을 튀기는가 하면 갑판에서 마구 뛰어 물고기들을 최대한 놀라게 만든다. 놀란 물고기들은 본능적으로 깊은 바다를 향해 질주하기 때문에 어부가 쳐놓은 삼중자망에 걸려들고 만다.

망사 간격이 큰 바깥쪽 그물을 유유히 통과한 물고기는 촘촘한 간격의 중간층 그물에 걸리게 되고 느슨한 중간층 그물로 인해 반대쪽 바깥층 그물까지 쉽게 전진할 수 있다. 그러나 이때부터 문제가 발생한다. 물

• 삼중자망으로 물고기를 잡는 모습

고기는 삼중자망 속에 완전히 얽히고설켜 꼼짝 못하게 된다. 물고기는 힘닿는 데까지 최대한 발버둥쳐 보지만 그럴수록 더 심각해질 뿐이다.

보통 5개의 묶음으로 이루어진 삼중자망은 밤새 그물을 내려놓고 50~100kg의 어획고를 올렸다. 어부들은 밤새 깊은 바다에서 물고기를 잡아 갑판에 실어 새벽녘에야 해안으로 돌아왔다. 그런 다음 해안에서 그물에 엉켜 있는 물고기들을 하나씩 떼어 내고 그물을 깨끗이 씻어 말렸다. 세마포로 만들어진 당시의 그물은 곧바로 씻어서 말리지 않으면 금방 부패했기 때문이다. 오늘날은 투명한 합성섬유로 된 삼중자망이 발명되어 낮과 밤 모두 전천후로 사용 가능하다. 하지만 성서시대에는 세마포로 엮은 삼중자망을 사용했기 때문에 물고기가 어두워서 그물을 볼 수 없는 밤에만 사용할 수 있었다.

삼중자망이 등장하는 말씀들

예수님이 나사렛을 떠나 가버나움에서 사역하시면서 부른 초기 제자들 가운데 세베대의 아들인 요한과 야고보가 있다. 예수님의 부르심을 받았을 때 이들은 그물을 깁고 있었는데, 아마도 밤새 삼중자망으로 물고기를 잡고 이른 아침에 타브하 해안에서 엉킨 그물을 풀고 씻어 말리고 있었을 것이다. 이들이 부름 받은 시간이 이른 아침이었다는 사실도 더불어 알 수 있다.

> 조금 더 가시다가 세베대의 아들 야고보와 그 형제 요한을 보시니 그들도 배에 있어 그물을 깁는데 곧 부르시니 그 아버지 세베대를 품꾼들과 함께 배에 버려 두고 예수를 따라가니라 _막 1:19–20

예수님이 베드로를 사람 낚는 어부로 부르신 사건을 다룬 누가복음의 본문도 삼중자망과 관련된 말씀이다. 베드로는 밤새 삼중자망을 쳐 놓고 고기를 잡으려 했지만 그날따라 한 마리도 잡지 못했다. 새벽부터 말씀을 들으러 나온 무리와 달리 베드로는 자신의 배를 예수님께 빌려 주었을 뿐 말씀 듣는 데는 관심이 없어 열심히 그물을 씻고 있었다.

호숫가에 배 두 척이 있는 것을 보시니 어부들은 배에서 나와서 그물을 씻는지라 예수께서 한 배에 오르시니 그 배는 시몬의 배라 육지에서 조금 떼기를 청하시고 앉으사 배에서 무리를 가르치시더니 _눅 5:2-3

부활하신 예수님과 제자들이 다시 첫사랑을 회복하는 감동적인 장면인 요한복음 21장의 본문도 삼중자망과 관련된 말씀이다. 허탈한 심정으로 다시 갈릴리로 돌아와 어부 생활로 복귀한 제자들은 밤새 삼중자망을 쳐 놓았지만 역시 물고기를 한 마리도 잡지 못했다.

시몬 베드로가 나는 물고기 잡으러 가노라 하니 그들이 우리도 함께 가겠다 하고 나가서 배에 올랐으나 그날 밤에 아무 것도 잡지 못하였더니 날이 새어갈 때에 예수께서 바닷가에 서셨으나 제자들이 예수이신 줄 알지 못하는지라 _요 21:3-4

바다에 쳐 놓은 삼중자망에 걸린 물고기가 제아무리 빠져나오려고 발버둥쳐도 혼자 힘으로는 탈출이 불가능한 것처럼, 전도서 기자는 하나님 없이 사는 인간의 운명을 '삼중자망에 걸린 물고기'에 묘사하고 있다.

분명히 사람은 자기의 시기도 알지 못하나니 물고기들이 재난의 그물에 걸리고 새들이 올무에 걸림같이 인생들도 재앙의 날이 그들에게 홀연히 임하면 거기에 걸리느니라 _전 9:12

욥은 고난에 처한 자신을 찾아와 꾸짖고 힘들게 하는 친구들에게, 아무런 죄가 없는 의인도 고난 받을 수 있음을 항변하고 있다. 하나님이 작정하셨다면 그 고난을 피할 방법이 전혀 없음을 삼중자망에 에워싸인 물고기의 처지를 빌려 묘사한 것이다.

> 하나님이 나를 억울하게 하시고 자기 그물로 나를 에워싸신 줄을 알아야 할지니라 _욥 19:6

CHAPTER

16

바울은 왜 믿음이 '들음'에서 나온다고 했을까?

성서시대의 교육 방법

그러므로 믿음은 들음에서 나며 들음은 그리스도의 말씀으로 말미암았느니라 _롬 10:17

교회를 오래 다닌 성도들과 진솔한 대화를 나누다 보면 가끔 이런 질문을 받을 때가 있다.

"어떻게 하면 믿음이 생기지요? 나는 10년 넘게 교회를 다녔지만 솔직히 아무리 믿으려고 해도 잘 믿어지지 않아요."

그러면 옆에 있던 사람도 용기를 내어 동조한다.

"그런 고백을 할 수 있는 용기가 무척 부럽네요. 솔직히 저도 그래요. 믿으려고 노력하는데 잘 믿어지지 않아요."

신앙생활을 오래한 성도들, 특히 모태 신앙을 가진 분들 중에 이런 경우가 종종 있는 것 같다. 이런 분들은 바울이 로마서에서 선포한 '믿음은 들음에서 난다'는 말씀을 기억하고 유명한 목사님들의 설교를 열심히 듣는다. 기독교 방송, 극동 방송, CGN 방송 할 것 없이 유명한 목사님들의 설교를 들으면서, 그렇게 열심히 들으면 믿음이 생기리라 생각한다.

그런데 안타깝게도 믿음은 유명한 목사님들의 설교를 열심히 듣는다고 해서 자동으로 생기는 것이 아니다. 오히려 설교를 너무 많이 듣다 보면 '귀만 커져서' 웬만한 목사님들의 설교는 귀에 들어오지 않게 된다. 오히려 믿음이 자라지 못할 수도 있다.

'믿음은 들음에서 난다'는 로마서 말씀이 의미하는 바는 무엇일까? 바울은 왜 믿음이 '봄'(seeing)에서 나지 않고 '들음'(listening)에서 난다고 했을까?

최고의 학습법: 첫째도 반복, 둘째도 반복

'믿음이 들음에서 난다'는 로마서 말씀은 지금과는 다른 성서시대의 독특한 교육 방법에서 나온 표현이다. 성서시대의 교육은 '들음'에서 시작되었는데, 이는 두 가지 이유가 있었다.

첫째, 두루마리 성경은 아무나 소유할 수 없을 정도로 값이 비쌌다. 성서시대 이스라엘은 지금처럼 마음만 먹으면 쉽게 성경을 구입해서 소유할 수 있는 세상이 아니었다. 양피지에 적힌 두루마리 성경은 1년치 봉급을 모아야 간신히 살 수 있는 귀한 물건이었다. 두루마리 성경은 마을 회당에나 있었고, 부자들 중에 말씀을 사모하는 사람들만 예외적으로 소유할 수 있었다. 이들이 하나님 말씀을 공부할 수 있는 길은 오로지 회당에 가서 말씀을 '듣는 것'뿐이었다.

둘째, 히브리어로 된 두루마리 성경을 읽고 통역해 주는 서기관의 도움이 필요했다. 바벨론에 포로로 끌려갔다가 페르시아 제국 때 고국으로 돌아온 귀환민들은 이미 히브리어를 잊어버리고 페르시아 제국의 공용어인 아람어를 사용했다. 이 귀환민들을 모아 놓고 히브리어 성경의 본문을 읽은 다음 백성들이 이해할 수 있는 아람어로 통역해 준 이가 바로 에스라다. 그런 의미에서 에스라는 최초의 서기관(scribe)으로 불린다. 예수님 당시에 서기관은 두루마리 성경을 직접 필사하고 성경을 가장 권위 있게 해석할 수 있는 사람으로 인정되었다. 성서시대 이스라엘 사람들이 말씀을 들으려면 회당에 가서 서기관이 읽고 통역해 주는 말씀을 '들어야' 했다.

• 회당에서 공부하는 모습

책과 필기도구가 흔하지 않던 성서시대에 학생들이 공부할 수 있는 유일한 방법은 스승이 들려주는 말씀을 통째로 암기하는 것뿐이었다. 그러므로 가르치는 스승의 입장에서 최고의 덕목은 인내심을 가지고 '반복 수업'을 하는 것이었다. 당시 '반복'(repetition)은 가장 효과적인 학습 방법이었는데, 랍비 문헌은 이와 관련된 중요한 기록을 하고 있다.

"수업을 100번 반복하는 랍비는 101번 반복하는 랍비와 감히 견줄 수 없다."

"토라를 공부하고 반복해서 복습하지 않는 학생은 씨를 뿌리고 수확하지 않는 농부와 같다."

반복을 통해 토라와 랍비의 가르침을 통째로 암기하는 것이 당시의 학습법이었다. 지금도 종교적인 유대인들은 토라와 탈무드를 암송하기 위해 독특한 암기법을 사용한다. 그것은 앞뒤로 걸으면서 스스로에게 묻고 대답하는 것을 수없이 반복하는 것이다.

베들레헴에서 수도 생활을 하며 성경을 라틴어로 번역한 초대 교부인 제롬(342~420년)의 기록에 따르면, "아담에서 스룹바벨까지 이스라엘의 역사를 암기하지 못하는 유대인 소년을 보지 못했다"고 한다.

말씀 묵상은 중얼거리는 것?

혼자서 중얼거리며 암기하는 성서시대의 독특한 학습법을 이해할 때, 기존에 알고 있던 '묵상'의 개념을 새롭게 조명할 수 있다. 현대 그리스도인들에게 '말씀 묵상'은 '침묵 가운데 말씀을 음미하고 생각하는 것'이다.

그러나 성서시대의 독특한 학습법을 이해하고 말씀 묵상과 관련된 시편의 구절을 살펴보면 '묵상'은 우리가 알고 있는 것과 전혀 다른 것임을 알 수 있다.

> 오직 여호와의 율법을 즐거워하여 그의 율법을 주야로 묵상하는도다 _시 1:2

> 나의 반석이시요 나의 구속자이신 여호와여 내 입의 말과 마음의 묵

상이 주님 앞에 열납되기를 원하나이다 _시 19:14

시편 말씀에 나오는 '묵상한다'는 단어는 히브리어로 '호게'(הוגה)이고 묵상은 '히가욘'(הגיון)이다. 이것은 '중얼거린다'는 뜻인데, 침묵 가운데 명상하는 것과는 거리가 멀다. 주야로 중얼거리면서 말씀을 통째로 암기하는 사람이 시편 기자가 말하는 '복 있는 자'라는 것이다.

당시에는 이런 식으로 말씀 묵상을 했기 때문에 말씀 묵상을 하는 사람에게 가까이 가면 그가 어떤 말씀을 묵상하는지(중얼거리는지) 알 수 있었다. 말씀을 소리 내어서 반복적으로 중얼거리는 것이 '말씀 묵상'이었기 때문이다.

성령에 이끌려 에티오피아 내시에게 가까이 갔을 때 빌립은 그에게 "어떤 말씀을 읽고 있는가?"라고 굳이 물을 필요가 없었다. 빌립은 에티오피아 내시가 이사야의 글을 묵상하고(중얼거리고) 있는 것을 '들었고', 곧바로 "읽는 것을 깨닫는가?"라고 물으면 족했던 것이다. 오늘날의 우리라면 에티오피아 내시에게 "무슨 말씀을 묵상하고 있는가?"라고 물어야 했을 것이다.

성령이 빌립더러 이르시되 이 수레로 가까이 나아가라 하시거늘 빌립이 달려가서 선지자 이사야의 글 읽는 것을 듣고 말하되 읽는 것을 깨닫느냐 _행 8:29-30

못 듣는 사람보다는 맹인이 백 번 낫다?

책이 흔하지 않던 성서시대에 '듣는 것'은 하나님의 말씀을 깨달을 수 있는 유일한 통로였다. 이런 의미에서 성서시대의 랍비들은 '맹인보다 못 듣는 사람이 훨씬 더 비극적이다'라고 가르쳤다. 맹인은 하나님의 말씀을 깨달을 수 있는 통로인 귀가 열려 있지만, 못 듣는 사람은 완전히 막혀 있어서 하나님의 말씀을 깨달을 통로가 원천 봉쇄되었다고 여긴 것이다.

청각보다는 시각 중심의 현대 사회에서 못 듣는 사람과 맹인 중 하나를 선택해야 할 운명이라면 못 듣는 쪽을 택하겠지만, 성서시대에는 100 퍼센트 맹인을 택했을 것이다.

요한복음 9장에 나오는 "날 때부터 맹인된 사람"은 예수님의 말씀에 따라 실로암 못에 가서 눈을 씻음으로 눈을 뜨게 되었다. 그는 바리새인들과 실랑이를 벌이던 중 자신을 치료해 준 예수님을 적극적으로 옹호하다가 회당에서 출교되었다.

그들이 대답하여 이르되 네가 온전히 죄 가운데서 나서 우리를 가르치느냐 하고 이에 쫓아내어 보내니라 _요 9:34

맹인이 회당에서 출교된 것을 볼 때 그도 이전에는 회당에 소속되었음을 알 수 있다. 맹인은 정상인보다 듣는 귀가 더 발달해 하나님 말씀을 더 열심히 듣고 잘 깨달았을 것이다. 그는 하나를 가르쳐 주면 즉시 열을 깨달았을 것이다. 그렇기에 자기 앞에 서 있는 분이 메시아임을 깨닫고 즉시 경배했던 것이다.

> 예수께서 그들이 그 사람을 쫓아냈다 하는 말을 들으셨더니 그를 만나사 이르시되 네가 인자를 믿느냐 대답하여 이르되 주여 그가 누구시오니이까 내가 믿고자 하나이다 예수께서 이르시되 네가 그를 보았거니와 지금 너와 말하는 자가 그이니라 이르되 주여 내가 믿나이다 하고 절하는지라 _요 9:35-38

'들음'을 통해 대대로 전수되다

책이 흔하지 않던 성서시대에 하나님의 말씀을 깨달을 수 있는 유일한 통로는 '듣는 귀'에 있었다. 예수님이 많은 비유의 말씀을 하시면서 "들을 귀 있는 자는 들을지어다"라고 반복해서 말씀하신 것도 이런 이유에서였다.

> 더러는 좋은 땅에 떨어지매 나서 백 배의 결실을 하였느니라 이 말씀을 하시고 외치시되 들을 귀 있는 자는 들을지어다 _눅 8:8

예수님의 말씀을 들은 대부분의 청중은 두루마리 성경을 개인적으로 소장할 수 없는 가난한 사람들이었다. 이들은 말씀을 '읽고' 깨달은 게 아니라 '듣고' 깨달은 것이다. 예수님이 모세오경(토라)에 나오는 율법과 비교해서 자신의 새로운 율법 해석인 산상수훈을 가르치면서 하신 말씀도 이런 개념에서 나온 것이다. 이들은 토라의 율법을 '읽은 것'이 아니라 '들었다.' 오늘날 같았으면 "너희가 들었으나"라고 말하지 않고 '너희가 읽었으나'라고 말해야 할 것이다.

> 옛 사람에게 말한 바 살인하지 말라 누구든지 살인하면 심판을 받게 되리라 하였다는 것을 너희가 들었으나 _마 5:21

'들음'은 토라의 가르침을 자손 대대로 전할 수 있는 통로이기도 했다. 아버지는 자식에게 토라를 가르치고 아들은 아버지의 가르침을 듣고 이를 반복해서 암기함으로 다시 자손에게 가르쳤다. 그렇게 토라의 가르침은 대대로 전수되었던 것이다.

> 네 자녀에게 부지런히 가르치며 집에 앉았을 때에든지 길을 갈 때에든지 누워 있을 때에든지 일어날 때에든지 이 말씀을 강론할 것이며
> _신 6:7

> 이는 우리가 들어서 아는 바요 우리의 조상들이 우리에게 전한 바라
> _시 78:3

책이 흔치 않아서 '들음'이 하나님의 말씀을 깨달을 수 있는 유일한 수

단이었던 성서시대의 독특한 상황에서 로마서의 표현이 나온 것이다.

> 그러므로 믿음은 들음에서 나며 들음은 그리스도의 말씀으로 말미암았느니라 _롬 10:17

그러므로 누구나 성경책을 소유하고 있는 현대의 그리스도인들에게 이 말씀을 그대로 적용하는 것은 무리가 있지 않겠는가? 현대 그리스도인들이 유명한 목사님들의 설교를 열심히 듣는다고 해서 믿음이 생기지 않는 이유도 여기에 있다.

성서시대 이스라엘 사람들에게 '듣는다'는 것은 단순히 '듣는 것'으로 끝나는 행동이 아니었다. 이들은 랍비들이 가르쳐 주는 말씀을 열심히 듣고 이를 혼자서 수없이 중얼거리며 반복해서 암기했던 것이다. 모세오경과 함께 시편 정도는 가볍게 암송하는 학생들이 당시에는 무척 흔했다고 한다. 그러므로 이 말씀을 현대 그리스도인들에게 바르게 적용한다면, 유명한 목사님들의 설교를 듣는 것에 만족하지 말고 그것과 병행해서 성경을 스스로 읽고 주야로 중얼거리면서 암기할 때 믿음이 생긴다고 해야 할 것이다.

CHAPTER

17

요셉과 마리아는 왜 소년 예수를 잃어버렸을까?

자녀 교육과 성인식

그의 부모가 해마다 유월절이 되면 예루살렘으로 가더니 예수께서 열두 살 되었을 때에 그들이 이 절기의 관례를 따라 올라갔다가 그 날들을 마치고 돌아갈 때에 아이 예수는 예루살렘에 머무셨더라 그 부모는 이를 알지 못하고 _눅 2:41–43

마태복음(2장)과 누가복음(2장)은 예수님의 탄생을 기록하고 있지만, 세례 요한으로부터 세례를 받고 나서 시작된 공생애 사역 이전의 예수님 삶에 대한 기록은 거의 없다. 본문은 열두 살의 소년 예수님이 부모님과 함께 성전을 방문했을 때의 내용인데, 누가복음에만 유일하게 기록되어 있다. 아울러 공생애 사역 이전의 예수님의 삶을 다룬 유일한 기록이기도 하다.

소년 예수의 성전 방문 이야기는 영화 〈나 홀로 집에〉(Home Alone)를 연상시킨다. 아직은 홀로 있기에 어린 나이인 열두 살의 소년 예수는 성전에 홀로 남아 있고, 부모인 요셉과 마리아는 아들이 없어진 줄도 모르고 고향인 나사렛으로 돌아가는 긴 여정에 올랐기 때문이다. 이들은 하룻길을 떠난 후에야 아들이 없어진 것을 알고, 부랴부랴 아들을 찾아 예루살렘으로 되돌아갔다. 갈 때는 하룻길이었지만 돌아가는 길은 사흘길이었던 것을 볼 때, 요셉과 마리아는 아들 예수를 찾기 위해 길목 곳곳을 '이 잡듯이' 뒤져 가며 예루살렘으로 올라간 것 같다.

동행 중에 있는 줄로 생각하고 하룻길을 간 후 친족과 아는 자 중에서 찾되 만나지 못하매 찾으면서 예루살렘에 돌아갔더니 사흘 후

그러면 요셉과 마리아는 왜 아들을 잃어버린 것일까? 부모가 자식을 잃어버리면 시쳇말로 '칠칠치 못하다'고 핀잔을 주는데, 요셉과 마리아도 칠칠치 못하게 정신을 다른 곳에 팔다가 아들을 잃어버린 것일까?

요셉과 마리아가 아들 예수를 잃어버린 본문은 무심코 읽으면 특별한 의미가 없는 것처럼 보인다. '뭐 이런 내용이 성경에 적혀 있을까?' 하는 의구심이 생기기도 한다. 하지만 성경의 기록은 아무 의미 없이 기록된 것이 없으며, 우리에게 주고자 하는 메시지가 분명히 있다. 우리는 예수님의 사생애와 관련된 유일한 기록인 본문의 이야기를 통해, 성서시대 유대인들의 자녀 교육과 아이들이 성인으로 성장하는 과정에 대한 입체적인 정보를 얻을 수 있다.

아울러 단순히 '예수님=하나님의 아들'이라는 교리적이고 신학적인 공식에만 익숙하고, 1세기 이스라엘 땅에 태어나 유아기와 소년기를 보내신 '인간 예수'에 대한 개념이 희박한 우리들에게 예수님을 더욱 가깝고 친근하게 느낄 수 있도록 도와준다. 이번 장에서는 '성전에 홀로 남은 소년 예수 이야기' 속에 숨은 문화적 배경을 이해하는 한편, 인류의 역사 속에 들어오셔서 우리와 임마누엘하신 예수님의 은혜를 새롭게 되새겨 보고자 한다.

언제부터 성인이 되는가?

본문은 소년 예수가 열두 살 때 일어난 사건을 다루고 있다. 당시 문화적 배경을 이해하는 데 핵심적인 단어는 '열두 살'이다.

예수께서 열두 살 되었을 때에 그들이 이 절기의 관례를 따라 올라갔다가 _눅 2:42

성인이 되는 나이는 시대와 문화에 따라 다르다. 우리나라도 조선시대를 다룬 사극을 보면 상당히 일찍 성인 무대로 데뷔했던 것을 알 수 있다. 평균 수명이 짧은 조선시대에는 지금보다 훨씬 이른 나이에 결혼을 해서 자녀를 낳았다. 반면 오늘날은 대학과 군대를 마치고 직장 생활을 해서 어느 정도 자기 앞가림을 할 수 있을 때 결혼을 하다 보니 30대가 훌쩍 넘어 성인 무대로 데뷔하는 일이 많다.

성서시대 이스라엘에서 성인으로 인정되는 시기는 13세를 전후해서였다. 현대 이스라엘에서도 남자 13세, 여자 12세에 '성인식'을 성대하게 치러 준다. 이처럼 성인식이 본격적으로 시작된 때는 주후 5세기 이후로 여겨진다. 예수님이 사역하시던 1세기 당시 이스라엘에서도 오늘날과 같은 공식적인 성인식은 아닐지라도 소년이 성인의 무대로 공식 데뷔하는 의식이 있었던 것으로 학자들은 추정한다. 당시 유대 땅을 다스리던 로마 제국에서 이와 유사한 성년 의식이 행해졌기 때문이다. 성전에 홀로 남은 예수의 이야기는 소년에서 성인으로 넘어가는 과도기적인 시간을 배경으로 벌어진 것이다.

유아기의 교육은 어머니 몫

1세기 이스라엘의 남자 어린이들이 성인기를 전후로 급작스럽게 마주치는 변화는 어머니의 굴레에서 벗어나 아버지의 관할권으로 넘어간다는 점이다. 자녀가 성인이 되기 전까지는 일체의 교육을 어머니가 담당했다. 이것은 아들도 예외가 아니었다.

자녀 교육에 있어서 어머니의 필수적인 역할은 잠언 말씀을 통해서도 확인할 수 있다.

> 내 아들아 네 아비의 훈계를 들으며 네 어미의 법을 떠나지 말라
> _잠 1:8

> 내 아들아 네 아비의 명령을 지키며 네 어미의 법을 떠나지 말고 그것을 항상 네 마음에 새기며 네 목에 매라 _잠 6:20–21

> 르무엘 왕이 말씀한 바 곧 그의 어머니가 그를 훈계한 잠언이라
> _잠 31:1

성서시대는 철저한 부계사회로서 남아 선호가 팽배했다. 여자는 결혼

과 함께 신랑의 집에서 함께 살지만 아들을 낳을 때까지는 완전히 신랑 집에 받아들여지지 않았다. 여자의 불완전한 위치를 확고하게 해주는 사건이 바로 '아들의 탄생'이었는데, 아들의 존재는 가족 내에서 자신의 입지가 불안했던 성서시대 어머니들에게 확실한 '사회적 보험'과도 같았다. 당시의 문화에서 가장 끈끈한 감정적 연대는 부부 사이가 아니라 어머니와 장남 사이였다.

아직도 성서시대의 문화적 정취가 남아 있는 중동 지역에서는 늦은 나이까지 부모와 함께 살면서 가능하면 결혼을 미루는 장남을 종종 볼 수 있다. 이들은 결혼 후에도 어머니에 대한 애착에서 쉽게 벗어나지 못한다.

어머니에게 아들이 차지하는 비중을 이해할 때 불임으로 힘들어하던 한나의 심적 고통이 어떠했을지 짐작할 수 있다. 한나의 고통은 남편 엘가나의 극진한 사랑도 그다지 도움이 되지 못했다.

> 그의 남편 엘가나가 그에게 이르되 한나여 어찌하여 울며 어찌하여 먹지 아니하며 어찌하여 그대의 마음이 슬프냐 내가 그대에게 열 아들보다 낫지 아니하냐 하니라 _삼상 1:8

> 한나가 마음이 괴로워서 여호와께 기도하고 통곡하며 서원하여 이르되 만군의 여호와여 만일 주의 여종의 고통을 돌보시고 나를 기억하사 주의 여종을 잊지 아니하시고 주의 여종에게 아들을 주시면 내가 그의 평생에 그를 여호와께 드리고 삭도를 그의 머리에 대지 아니하겠나이다 _삼상 1:10-11

성인이 되기까지 자녀 양육의 전권은 어머니에게 맡겨졌는데, 어머니와 특별한 연대감을 가졌던 장남의 경우 자칫 응석받이로 자랄 수 있었다. 장남은 울며 보채면 무엇이든 손에 넣을 수 있는 환경에서 자랐는데, 이들의 삶은 바로 창세기 1장 이야기의 재현이었다. 곧 말하는 것은 그대로 이루어졌기 때문이다.

하나님이 이르시되 빛이 있으라 하시니 빛이 있었고 _창 1:3

아이는 보통 세 살이 지날 때까지 어머니의 젖을 먹었고, 젖을 뗀 후에는 통과의례에 해당하는 잔치가 배설되었다. 아브라함은 천신만고 끝에 얻은 약속의 자녀인 이삭이 젖을 떼는 날을 기념해 큰 잔치를 배설했다.

아이가 자라매 젖을 떼고 이삭이 젖을 떼는 날에 아브라함이 큰 잔치를 베풀었더라 _창 21:8

한나는 고통 가운데 드린 서원 기도를 통해 사무엘을 얻자 젖을 떼는 세 살까지만 자신이 키우고, 서원대로 실로에 있는 제사장 엘리에게 사무엘을 맡겼다.

이에 그 여자가 그의 아들을 양육하며 그가 젖 떼기까지 기다리다가 젖을 뗀 후에 그를 데리고 올라갈새 수소 세 마리와 밀가루 한 에바와 포도주 한 가죽부대를 가지고 실로 여호와의 집에 나아갔는데 남녀의 역할과 공간이 철저하게 구별된 성서시대에 아들은 어머니, 누나, 이모, 고모와 같은 여성들의 전용 공간에서 응석을 부리며 자랐다. 준비된 기간이 될 때까지 자녀들은 남자의 역할 모델과 접촉할 수 있는 기회가 없었다.

소년기: 유아에서 성인으로 넘어가는 과도기

온실과도 같은 여성들의 전용 공간에서 벗어나 거칠고 살벌한 남성들의 세계로 넘어가는 의식은 13세를 전후로 행해졌다. 이러한 변화는 가히 급진적이고 파격적이었다. 현대인은 대체로 유아기, 소년기, 성인기의 과정을 밟아 변화를 경험하지만, 성서시대에는 유아기에서 약간의 과도기를 지나 곧바로 성인기로 도약해야 했다.

성서시대에 소년들은 유아에서 성인으로 넘어가는 과도기에 불과했기 때문에 '소년'이라는 독자적인 정체성을 가질 충분한 시간이 없었다. 우리나라도 소년기를 지칭하는 '어린이'란 명칭이 최초로 사용된 것은 근대의 방정환 선생을 통해서인 것을 볼 때, 이러한 성장 과정은 이스라엘 특유의 것만은 아니었다.

인생의 구체적 기간으로서 소년기가 언급되는 것은 전도서의 기록이 처음이다.

청년이여 네 어린 때를 즐거워하며 네 청년의 날들을 마음에 기뻐하여 마음에 원하는 길들과 네 눈이 보는 대로 행하라 그러나 하나님이 이 모든 일로 말미암아 너를 심판하실 줄 알라 그런즉 근심이 네 마음에서 떠나게 하며 악이 네 몸에서 물러가게 하라 어릴 때와 검은 머리의 시절이 다 헛되니라 _전 11:9–10

유대인들의 지혜서인 〈시락〉서에는 "어린이여, 필요할 때만 얘기하라. 너에게 사람들이 한 번 이상 물을 때에만 얘기하라"(시락 32:7)고 기록되어 있다. 이는 소년기의 어린이를 향한 당시의 문화적 배경을 엿볼 수 있는 구절이다.

유아기와 성인기의 과도기인 소년기에는 함부로 성인들의 대화에 끼어들 수 없고, 두 번 이상 제안이 있을 경우에만 참여할 수 있었다. 이런 면에서 욥과 세 친구들의 대화를 한참 듣다가 아무런 제안도 받지 않은 상황에서 끼어든 연소자 엘리후는 상당히 무례한 것이다. 엘리후도 자신의 무례함을 알기에 이에 대한 양해를 구하면서 자신의 의견을 진술하고 있다.

부스 사람 바라겔의 아들 엘리후가 대답하여 이르되 나는 연소하고 당신들은 연로하므로 뒷전에서 나의 의견을 감히 내놓지 못하였노라 내가 말하기를 나이가 많은 자가 말할 것이요 연륜이 많은 자가 지혜를 가르칠 것이라 하였노라 그러나 사람의 속에는 영이 있고 전능자의 숨결이 사람에게 깨달음을 주시나니 어른이라고 지혜롭거나 노인이라고 정의를 깨닫는 것이 아니니라 그러므로 내가 말하노니 내 말을 들으라 나도 내 의견을 말하리라 _욥 32:6-10

소년기에 대한 당시의 문화적 배경을 알 때 하나님의 부르심을 받고 보인 예레미야의 반응도 이해할 수 있다. 예레미야는 하나님이 부르실 때 자신을 '아이'라고 말하면서 선뜻 나서지 않았다.

내가 너를 모태에 짓기 전에 너를 알았고 네가 배에서 나오기 전에 너를 성별하였고 너를 여러 나라의 선지자로 세웠노라 하시기로 내가 이르되 슬프도소이다 주 여호와여 보소서 나는 아이라 말할 줄을 알지 못하나이다 하니 _렘 1:5-6

예레미야의 이런 반응은 당시의 문화적 상황에서 볼 때 적절한 행동이었다. 하나님도 이런 문화적 상황을 존중하셨고, 예레미야를 거듭해서 다시 부르셨다.

여호와께서 내게 이르시되 너는 아이라 말하지 말고 내가 너를 누구에게 보내든지 너는 가며 내가 네게 무엇을 명령하든지 너는 말할지니라 너는 그들 때문에 두려워하지 말라 내가 너와 함께하여 너를 구원하리라 나 여호와의 말이니라 하시고 _렘 1:7-8

하나님의 부르심에 주저했던 예레미야와 달리 이사야는 단호한 결단으로 부르심에 반응하였다. 이것은 이사야가 하나님의 부르심을 받았을 때 어린이가 아니었음을 보여 준다.

> 내가 또 주의 목소리를 들으니 주께서 이르시되 내가 누구를 보내며 누가 우리를 위하여 갈꼬 하시니 그때에 내가 이르되 내가 여기 있나이다 나를 보내소서 _사 6:8

성인기의 교육은 아버지 몫

긴 유아기와 짧은 소년기를 어머니 품에서 보낸 아들은 13세에 치러진 간단한 성인식을 기점으로 거친 성인 남성들의 세계로 입문해야 했다. 여성들의 전용 공간에서 응석받이로 자란 아들을 성인 남성들의 세계로 입문시키는 역할은 전적으로 아버지의 몫이었다. 그런데 우리를 놀라게 하는 것은 응석받이 아들에 대한 아버지의 역할 모델이 '아버지 학교'에서 배우는 자상하고 인자한 아버지와는 전혀 거리가 멀다는 사실이다.

아버지는 온실 속에서 응석받이로 자란 아들이 살벌한 성인 남성의 세계에서 빨리 적응하도록 주로 '막대기와 채찍'을 사용했다. 아들은 종종 거친 성인 남성의 세계에 적응하지 못하고 따뜻한 어머니의 치마폭 속으로 숨곤 하지만, 더 이상 관용은 용납되지 않는다. 결국 거칠고 계급 질서가 분명한 남성의 세계에 적응하는 것만이 생존을 위한 유일한 선택임을 깨닫고 온갖 육체적 정신적 훈련을 이를 악물고 버텨 내면서 아들은 점차 성인 남성으로 변모해 간다.

성서시대 성인 남성의 이상적인 모델은 어떤 고통에도 꽁무니를 빼지 않고, 심지어 비명도 지르지 않으며 묵묵히 고통을 견뎌 내는 사람이었다. 이런 남성만이 당시 문화에서 인정받는 '영웅'이었다. 오늘날의 소위 '몸짱'이나 '꽃미남'은 성서시대 영웅들과는 거리가 멀었다.

이렇게 성인 남성의 세계에 성공적으로 입문한 아들은 아버지에게 커다란 영광과 자부심을 안겨 주었다. 아버지는 이런 아들을 둔 것만으로도 세상을 다 얻은 듯 뿌듯해했다. 아들은 아버지에게 분신과 같은 존재이자, 아버지가 죽으면 그를 대신해 가족을 책임지는 가장이 될 것이기 때문이다.

> 젊은 자의 자식은 장사의 수중의 화살 같으니 이것이 그의 화살통에 가득한 자는 복되도다 그들이 성문에서 그들의 원수와 담판할 때에 수치를 당하지 아니하리로다 _시 127:4-5

막대기와 채찍으로 아들을 훈련시키는 스파르타식 교육, 심지어 아들이 죽기 직전까지 때리는 아버지의 모습은 성경을 통해 수없이 확인된다.

> 대저 여호와께서 그 사랑하시는 자를 징계하시기를 마치 아비가 그 기뻐하는 아들을 징계함같이 하시느니라 _잠 3:12

> 매를 아끼는 자는 그의 자식을 미워함이라 자식을 사랑하는 자는

근실히 징계하느니라 _잠 13:24

네가 네 아들에게 희망이 있은즉 그를 징계하되 죽일 마음은 두지 말지니라 _잠 19:18

아이의 마음에는 미련한 것이 얽혔으나 징계하는 채찍이 이를 멀리 쫓아내리라 _잠 22:15

아이를 훈계하지 아니하려고 하지 말라 채찍으로 그를 때릴지라도 그가 죽지 아니하리라 네가 그를 채찍으로 때리면 그의 영혼을 스올에서 구원하리라 _잠 23:13–14

채찍과 꾸지람이 지혜를 주거늘 임의로 행하게 버려 둔 자식은 어미를 욕되게 하느니라 _잠 29:15

나는 그에게 아버지가 되고 그는 내게 아들이 되리니 그가 만일 죄를 범하면 내가 사람의 매와 인생의 채찍으로 징계하려니와 _삼하 7:14

너는 사람이 그 아들을 징계함같이 네 하나님 여호와께서 너를 징계하시는 줄 마음에 생각하고 네 하나님 여호와의 명령을 지켜 그의 길을 따라가며 그를 경외할지니라 _신 8:5–6

요셉과 마리아는 아들 예수를 잃어버릴 수밖에 없었다?

1세기 당시 이스라엘에서 태어난 남자가 부모로부터 교육을 받고 정상적인 성인으로 성장해 가는 과정을 이해할 때, 요셉과 마리아가 아들 예수를 잃어버린 본문의 상황 속으로 쉽게 들어갈 수 있다.

예수님의 부모인 요셉과 마리아는 당시의 종교적 열심이 있던 많은 사람들처럼 최고의 명절인 유월절이 되면 어김없이 예루살렘 성전을 방문했다.

그의 부모가 해마다 유월절이 되면 예루살렘으로 가더니 _눅 2:41

아들 예수도 부모님을 따라 성지순례에 늘 동행했지만, 특별히 열두 살 되던 해에 문제가 발생했다. 이미 언급했듯이, 요셉과 마리아가 아들을 잃어버릴 수밖에 없었던 당시의 문화적 배경을 이해하는 데 결정적인 열쇠는 '열두 살 때에'라는 소년 예수의 나이였다. 열두 살은 13세부터 시작되는 성인기로 넘어가는 마지막 과도기였다.

예수께서 열두 살 되었을 때에 그들이 이 절기의 관례를 따라 올라갔다가 _눅 2:42

성서시대에는 강도와 맹수와 같은 도처의 위험들 때문에 캐러밴

(caravan)과 같은 집단을 이루어서 길을 떠났다. 특히 명절 때 예루살렘 성전을 방문하는 성지순례는 친족 단위로 캐러밴을 이루는 경우가 많았다. 캐러밴은 3개의 집단으로 나뉘었는데, 성인 남자들이 선발대와 후발대 그룹을 형성했고 그 중간에 여자와 노인, 아이들이 끼어 있었다. 선발대와 후발대에 성인 남자들이 배치된 것은 중간에 낀 여자, 노인, 아이들을 보호하기 위해서였다.

나사렛에서 예루살렘까지는 캐러밴이 걷는 속도를 기준으로 3, 4일 정도 걸렸다. 12세의 소년 예수가 나사렛에서 출발했을 때는 중간 그룹에 끼어서 성인 남자들의 보호를 받았을 것이다. 하지만 유월절 명절을 마치고 나사렛으로 돌아가는 길에서는 차이가 났다.

당시의 성인식은 성인이 되는 해의 유월절에 예루살렘 성전에서 행하는 것이 관례였다. 현대 이스라엘에서도 성인식은 주로 유대인들에게 가장 거룩한 장소인 '통곡의 벽'에서 행해진다. 12세의 소년 예수는 유월절에 성전을 방문해서 13세로 올라가는 성인식을 잘 마쳤다. 예수의 성인식을 축하하기 위해 평년의 유월절보다 더 많은 친족들이 동행했을 것이다.

돌아가는 길에서는 캐러밴 내에서 소년 예수의 배치에 변화가 생겼다. 성인 무대로 데뷔한 예수는 당연히 선발대나 후발대 진영에서 중간에 있는 여자와 아이들 그리고 노약자를 보호해야 했다.

하지만 예수는 친족들과 함께 돌아가지 않고 며칠 더 예루살렘 성전에 머물렀다. 아마도 성인 무대로 데뷔한 예수는 성전에 며칠 머물며 하늘 아버지와 더 깊은 교제를 나누고 싶었는지도 모른다.

● 통곡의 벽에서 성인식을 하는 모습

그날들을 마치고 돌아갈 때에 아이 예수는 예루살렘에 머무셨더라

_눅 2:43

문제는 여기에서 발생했다. 부모는 아들 예수가 예루살렘에 머문 것을 알지 못했고, 캐러밴은 예정대로 출발했다. 요셉과 마리아는 예수가 동행중에 있는 줄로 생각했고 하룻길을 간 후에야 예수가 없어진 것을 알게 되었다.

그 부모는 이를 알지 못하고 동행 중에 있는 줄로 생각하고 하룻길을 간 후 친족과 아는 자 중에서 찾되 _눅 2:43–44

어떻게 이런 일이 가능했을까? 요셉과 마리아는 왜 예수가 동행중에 있는 줄로 생각했을까? 당시의 상황을 유추해 보면 이런 그림이 나온다.

여성과 노약자, 어린이들이 모여 있는 중간 그룹에서는 이런 얘기들이 오갔을 것이다.

"얘, 마리아야! 네 아들 예수는 어디에 있지?"

"예수요? 제 아들은 이제 더 이상 아이가 아니라고요. 벌써 성인이 되었는걸요. 아마 선발대나 후발대에 속해서 가고 있을 거예요. 이제 우리의 든든한 보호자가 되었다고요. 전 지금 얼마나 자랑스럽고 뿌듯한지 몰라요!"

선발대나 후발대에 속했을 요셉과 친족 어른들 간에는 이런 대화가 오가지 않았을까?

"요셉, 자네 아들 예수는 어디에 있나?"

"어, 얘가 어디에 있는 거지? 혹시 아직까지 중간에 있는 애들 그룹에 끼어 있는 거 아니야? 거, 참 씁쓸하구만……."

이들은 그저 예수가 어느 그룹에든 끼어 있어 '동행중에 있는 줄로' 알고 쉬지 않고 하룻길의 여정을 재촉했던 것이다. 하룻길 여정을 마친 캐러밴은 한 곳에 모여 인원 파악을 했는데, 그제야 아들 예수가 캐러밴에 속해 있지 않은 것을 알게 되었다.

예루살렘에서 갈릴리에 있는 나사렛으로 가는 길은 중간에 사마리아 지역을 통과하면 이틀밖에 걸리지 않는다. 하지만 당시 사마리아 지역은 부정한 땅으로 여겨졌기에 요셉 일행은 여리고 쪽으로 내려가서 요단 동편으로 우회해 나사렛으로 돌아갔다. 하룻길 여정 후에 요셉 일행이 인원 파악을 한 곳은 분명 여리고 근처였을 것이다. 예루살렘에서 여리고까지의 거리는 당시 캐러밴의 하루 여행길이었기 때문이다.

CHAPTER

18

십자가형을 집행한 백부장은 왜 예수를 '하나님의 아들'로 고백했을까?

아버지와 아들의 관계

예수를 향하여 섰던 백부장이 그렇게 숨지심을 보고 이르되 이 사람은 진실로 하나님의 아들이었도다 하더라 _막 15:39

로마 총독 빌라도의 명령에 따라 십자가형을 집행하고 예수님의 임종을 가장 가까이에서 지켜본 사람은 예수님의 제자들이 아니라 로마군 백부장이었다. 마가복음의 저자인 마가는 특별히 예수님의 십자가 죽음이라는 역사적 현장을 지켰던 로마군 백부장의 고백을 기록함으로써 십자가 사건의 역사적 진실을 강조하고 있다.

그런데 의아한 것은 백부장의 고백 내용이다. 십자가 위에서 고통스러워하며 마지막 숨을 거둔 예수님의 모습을 지켜본 백부장은 어찌 보면 무척이나 엉뚱한 고백을 하고 있기 때문이다.

"이 사람은 진실로 하나님의 아들이었도다!"

로마군 백부장의 입에서 왜 이런 고백이 나온 것일까? 십자가형은 로마제국이 로마에 반기를 든 혁명분자들에게 경각심을 주기 위해 고안해 낸 가장 잔인한 처형 방법이다. 그러한 십자가형을 집행한 포악한 군인의 입에서 왜 뜬금없이 베드로가 가이사랴 빌립보에서 했던 신앙고백이 나온 것일까? 백부장은 예수님의 죽음을 지켜보면서 도대체 무엇을 느낀 것일까?

엄격한, 너무나 엄격한 아버지

로마군 백부장의 입에서 나온 '신앙고백'(?)의 비밀을 풀려면 먼저 성서시대 아버지와 아들의 관계를 이해해야 한다. 어머니의 치마폭에 싸여 응석받이로 자라는 1세기 이스라엘의 아들들은 13세에 성인이 되자마자 아버지에게로 넘겨진다. 이로써 온실 속의 화초처럼 과잉보호와 사랑을 받던 시절은 돌아갈 수 없는 옛날 일이 되고 만다.

현대의 기독교 교육은 '체벌'을 금하지만, 성경 속 아버지는 막대기와 채찍을 떠나서는 생각할 수 없을 만큼 아들을 체벌했다. 성서시대의 특수한 상황을 현대에 그대로 적용하는 것은 무리가 따르겠지만, 체벌 자체를 비성경적이고 야만적이라고 보는 데는 재고의 여지가 있다고 생각한다.

'채찍과 막대기'로 대표되는 혹독한 스파르타식 훈련을 통해 아들이 당당하게 성인 남자의 세계에 데뷔하도록 돕는 것이 성서시대 아버지의 교육 방법이었다. 그것이 아버지가 아들에게 해줄 수 있는 최선이었고 사랑이었던 것이다. 막대기와 채찍으로, 때로는 죽기 직전에 이르기까지 아들을 훈련하는 성서시대 아버지의 모습을 머릿속에 그리지 못한다면, 우리는 우리에게 너무나 익숙했던 말씀들이 주는 진정한 의미를 놓칠 수밖에 없다.

아들로서 순종을 배우신 예수님

그가 아들이시면서도 받으신 고난으로 순종함을 배워서 온전하게 되셨은즉 자기에게 순종하는 모든 자에게 영원한 구원의 근원이 되시고 _히 5:8–9

이 말씀은 십자가의 고통과 죽음을 끝까지 감내하심으로 하나님 아버지의 뜻에 순종하신 아들 예수님의 삶을 묘사하고 있다. 하지만 본문 속에 나오는 접속사의 부정확한 번역으로 인해 히브리서 기자가 전하고자 하는 본래의 의미가 와전되어 있다.

문제의 본문은 "그가 아들이시면서도 받으신 고난으로 순종함을 배워서"이다. 이 본문 속에 등장하는 헬라어 접속사 '카이페르'(καίπερ)는 '비록 …할지라도'(although)와 '진정 …이기 때문에'(precisely because)를 모두 의미하는데, 문맥과 상황에 따라 해석해야 한다. '눈'이 사람의 눈(eye)과 하늘에서 내리는 눈(snow)을 모두 의미하지만 문맥에 따라 구별해서 해석해야 하는 것과 같다.

양보 구문의 접속사인 '비록 …할지라도'(although)로 번역하면 본래 의미와는 다른 엉뚱한 상황으로 변한다.

이것을 우리의 상황에 맞게 쉽게 설명하면 다음과 같다. 사단장을 아버지로 둔 아들이 있다고 치자. 우리의 상식으로 생각하면 이 아들은 군대에 갈 때 얼마든지 열외가 될 수 있다. 이런저런 핑계를 대서 군대를 면제 받을 수도 있고, 군대를 간다고 해도 별로 힘들지 않은 곳으로 빠질 수도 있다.

이처럼 본문 속의 접속사인 '카이페르'를 양보 구문으로 해석하면 어떤 상황이 되는가 살펴보자. '예수님은 하나님의 아들임에도 불구하고 고난을 받았다'는 말인데, 결국 하나님을 아버지로 둔 예수님이 얼마든지 고난을 피할 수 있음에도 고난을 묵묵히 감내했다는 말이 된다.

이것은 성서시대 아버지와 아들의 관계를 이해할 때 전혀 얼토당토한 번역임을 알 수 있다. 왜냐하면 오늘날의 사단장 아버지는 아들이 군대에서 고생하는 것이 싫어서 군 면제를 시도할지 모르지만, 성서시대의 아버지는 전혀 달랐기 때문이다. 당시의 아버지는 아들에게 채찍과 막대기로 혹독한 육체적 훈련을 시켰다. 이것은 그가 사생아가 아닌 참된 아들이기 때문에 그렇다.

그러므로 본문의 접속사인 '카이페르'는 양보 구문(although)이 아닌 원인(precisely because, 진정 …이기 때문에)으로 번역해야 성서시대 아버지와 아들의 관계에 비추어 합당한 번역이 된다. 즉 예수님은 하나님 아버지의 백으로 고난에서 열외될 수 있었음에도 불구하고 기꺼이 고난을 받은 것이 아니라, '하나님의 진정한 아들이었기 때문에 고난을 받은 것이다.' 예수님이 하나님 아버지의 뜻에 따라 고난을 받은 것은 그가 하나님의 진정한 아들이라는 증거가 되는 것이다.

죽음을 피하지 않은 아들 이삭의 순종

천신만고 끝에 얻은 아들 이삭을 모리아 산에서 번제로 바치는 아브라함에 대한 말씀은 많은 경우 아브라함의 순종에 초점을 맞추어서 인용되곤 한다. 하지만 이 이야기를 아들 이삭에게 초점을 맞추어 생각해 보면 전혀 새로운 의미가 발견된다.

육체적 훈련을 통해 아들을 교육시키는 성서시대 아버지를 생각할 때, 아브라함은 이삭을 성공적으로 교육시킨 것 같다. 이삭이 혼자서 번제에 사용할 나무를 지고 있는 것을 보면 당시 이삭은 충분히 성장했음을 알 수 있다.

> 아브라함이 이에 번제 나무를 가져다가 그의 아들 이삭에게 지우고 자기는 불과 칼을 손에 들고 두 사람이 동행하더니 _창 22:6

그는 자신에게 주어진 운명이 어떻게 전개될 것인지 충분히 예측하고 인지할 정도로 성숙했다. 번제에 쓰일 나무만 있고 어린 양이 없는 상황에서 결국 자신의 몸이 번제를 위한 희생양이 될 것임을 인식한 이삭의 행동은 가히 놀랍기까지 하다.

> 하나님이 그에게 일러 주신 곳에 이른지라 이에 아브라함이 그 곳에 제단을 쌓고 나무를 벌여 놓고 그의 아들 이삭을 결박하여 제단 나무 위에 놓고 손을 내밀어 칼을 잡고 그 아들을 잡으려 하니 _창 22:9-10

이삭은 자신의 운명을 인지하고 스스로 개척할 만큼 장성했지만 도망가거나 반항함으로써 아버지를 수치스럽게 하지 않았다. 이삭은 묵묵히 아버지가 자기를 묶고 제단 위에 올려놓는 것을 허락했다. 본문에는 이삭이 울거나 비명을 지르고 저항을 했다는 표현이 전혀 없다. 이삭은 아버지에게 수치를 안겨 주느니 명예롭게 죽기로 결단한 것이다. 아버지 아브라함이 하나님의 뜻에 철저하게 순종하는 모습을 보고 자란 이삭은 죽음에 직면해서도 '그 아버지에 그 아들'(Like a father, like a son)답게 순종하여 아브라함을 명예롭게 했다.

우리는 흔히 이삭을 떠올릴 때 늦둥이로 태어나 어머니 사라와 아버지 아브라함의 사랑을 한 몸에 받는 응석받이로 생각한다. 실제로 이삭은 애써 파 놓은 우물을 아비멜렉의 종들에게 연거푸 양보하는 무색무취의 온유한 이미지가 강하다. 하지만 모리아 산에서 보여 준 이삭의 행동은 성서시대 성인 남자들이 추앙하는 영웅의 모습과 다르지 않다. 이런 이삭의 행동은 아브라함이 천신만고 끝에 얻은 외아들 이삭을 응석받이로 키웠다면 불가능한 것이다. 즉 아브라함은 성서시대 여느 아버지처럼 이삭에게 육체적 연단을 통해 침묵 가운데 고통을 견뎌 내는 법을 가르쳤음이 분명하다.

사도 바울, 그 시대의 문화적 영웅

그들이 그리스도의 일꾼이냐 정신 없는 말을 하거니와 나는 더욱 그러하도다 내가 수고를 넘치도록 하고 옥에 갇히기도 더 많이 하고 매도 수없이 맞고 여러 번 죽을 뻔하였으니 유대인들에게 사십에서 하나 감한 매를 다섯 번 맞았으며 세 번 태장으로 맞고 한 번 돌로 맞고 세 번 파선하고 일 주야를 깊은 바다에서 지냈으며 여러 번 여행하면서 강의 위험과 강도의 위험과 동족의 위험과 이방인의 위험과 시내의 위험과 광야의 위험과 바다의 위험과 거짓 형제 중의 위험을 당하고 _고후 11:23-26

초대 교회 당시 최고의 전도자였던 사도 바울의 삶은 그야말로 예수 그리스도로 인한 '고난으로 점철된 삶'이었다. 본문은 바울이 고린도 교인들에게 전한 서신으로서, 자신이 복음을 전하다가 당한 고난들을 열거하고 있다. 어떻게 보면 바울의 고난은 마조히스트적으로 느껴진다. 그러나 이것은 당시의 문화적 영웅으로서 바울의 모습을 잘 보여 주는 본문이다.

로마시대에는 2퍼센트 내외의 사람들만 글을 읽을 수 있었기 때문에, 바울의 서신은 고린도 교인들 앞에서 엄숙하게 읽혔을 것이다. 서신을 읽는 중에 청중은 성령의 감동을 받고 서로 교감하는 가운데 감탄사를 발하기도 하고, 중간에 자신의 코멘트를 덧붙이기도 했을 것이다. 바울이 열거한 고난들은 오늘날 그리스도인의 관점에서 보면 하나하나가 순교에 가까운 혹독한 것들이었다.

감옥에 갇히고 매를 맞고 수차례 죽기 직전까지 수세에 몰리는 등 고난의 강도는 더욱 높아지고 있다. 고린도 교인들은 바울이 당한 고난의

리스트들이 읽힐 때마다 숨을 헐떡거리고 탄식을 연발했을 것이다.

"와우!"

"저런……."

"대단하군……."

"역시 대사도 바울다워."

성서시대의 여행은 상당한 위험이 도사리고 있었는데, 이런 여행을 혼자서 한다는 것은 거의 자살 행위나 다를 바 없었다. 바울은 전도 여행 중 수시로 혼자서 여행을 해야 했다. 바울이 복음 전도자로서 수많은 고난을 감내할 수 있었던 비결은 분명 어릴 때 아버지로부터 받은 육체적 훈련을 통해 터득한 것일 가능성이 높다. 아버지로부터 받은 혹독한 훈련이 복음 전파 시에 유감없이 발휘되었음을 알 수 있다.

고난은 하나님의 '자녀'이기 때문에 받는 것

너희가 죄와 싸우되 아직 피흘리기까지는 대항하지 아니하고 또 아들들에게 권하는 것같이 너희에게 권면하신 말씀도 잊었도다 일렀으되 내 아들아 주의 징계하심을 경히 여기지 말며 그에게 꾸지람을 받을 때에 낙심하지 말라 주께서 그 사랑하시는 자를 징계하시고 그가 받아들이시는 아들마다 채찍질하심이라 하였으니 너희가 참음은 징계를 받기 위함이라 하나님이 아들과 같이 너희를 대우하시나니 어찌 아버지가 징계하지 않는 아들이 있으리요 징계는 다 받는 것이거늘 너희에게 없으면 사생자요 친아들이 아니니라 또 우리 육신의 아버지가 우리를 징계하여도 공경하였거든 하물며 모든 영의 아버지께 더욱 복종하며 살려 하지 않겠느냐 그들은 잠시 자기의 뜻대로 우리를 징계하였거니와 오직 하나님은 우리의 유익을 위하여 그의 거룩하심에 참여하게 하시느니라 무릇 징계가 당시에는 즐거워 보이지 않고 슬퍼 보이나 후에 그로 말미암아 연단 받은 자들은 의와 평강의 열매를 맺느니라 그러므로 피곤한 손과 연약한 무릎을 일으켜 세우고 너희 발을 위하여 곧은 길을 만들어 저는 다리로 하여금 어그러지지 않고 고침을 받게 하라 _히 12:4-13

히브리서 기자는 예수님을 롤모델로 삼는 신자들이 이 땅에서 겪게 될 고난을 어떠한 자세로 감내해야 하는지 설명하고 있다. 비장함마저 느껴지는 이 본문은 고난 없이 살고 싶어 하는 현대의 많은 성도들에게 무척 부담스런 말씀이다.

'죄와 싸우되 피흘리기까지 하라'는 말씀은 아버지가 채찍으로 아들을 징계하는 것을 연상시킨다. 이 말씀은 쉽게 죄와 타협하며 사는 현대의 크리스천들을 부끄럽게 만든다. 본문에서 반복되는 채찍질과 징계, 꾸지람 등을 통해 아버지와 아들의 관계를 재조명할 수 있다. 왜냐하면 이런 것들은 사생자에게는 해당되지 않기 때문이다. 크리스천으로 살면서 본문에 언급된 고난이 전혀 없는 평탄한 삶을 살고 있다면, 자신을 곰곰이 돌아볼 필요가 있다. 혹시 우리가 하나님의 '자녀'가 아니라 '사생자'일 수도 있기 때문이다.

고상한 기독교 교육을 주장하는 많은 교육자들이 이렇게 아들을 교육하는 아버지를 본다면 대번에 '아동 학대'라고 말할 것이다. 핵가족 문화에서 부모의 사랑을 독차지하며 응석받이로 자란 현대 그리스도인들에게 1세기 이스라엘 땅을 배경으로 씌어진 성경은 어떤 가르침을 줄 수 있을까? 한번쯤 고민해 보아야 할 듯싶다. 왜냐하면 히브리서 기자가 본문에서 비장하게 제시하고 있는 고난들은 특수한 사람들이 아닌 예수를 그리스도로 고백한 모든 성도들에게 예외 없이 해당하기 때문이다.

백부장의 고백의 진실

제구시에 예수께서 크게 소리 지르시되 엘리 엘리 라마 사박다니 하시니 이를 번역하면 나의 하나님, 나의 하나님 어찌하여 나를 버리셨나이까 하는 뜻이라 곁에 섰던 자 중 어떤 이들이 듣고 이르되 보라 엘리야를 부른다 하고 한 사람이 달려가서 해면에 신 포도주를 적시어 갈대에 꿰어 마시게 하고 이르되 가만 두라 엘리야가 와서 그를 내려 주나 보자 하더라 예수께서 큰 소리를 지르시고 숨지시니라 이에 성소 휘장이 위로부터 아래까지 찢어져 둘이 되니라 예수를 향하여 섰던 백부장이 그렇게 숨지심을 보고 이르되 이 사람은 진실로 하나님의 아들이었도다 하더라 _막 15:34–39

사복음서가 모두 예수님의 십자가 죽음을 기록하고 있지만, 특별히 마가복음은 예수님의 죽음을 1세기 당시 이스라엘 남자의 '명예로운' 죽음으로 묘사하고 있다. 십자가형은 오랜 시간 극심한 고통 가운데 천천히 죽어 가게 하는 잔인한 처형 방법이다. 오전 9시부터 오후 3시까지 무려 6시간 동안 십자가에 달려 고통을 당하신 예수님은 침묵 속에서 묵묵히 고통을 감내하셨다. 그를 따르던 제자들이 모두 배반하여 도망가고, 가장 믿었던 수제자 베드로마저 스승을 부인하는 광경을 목격한 예수님은, 자신을 조롱하는 군중에 싸여 극심한 고통과 수치 그리고 고독을 묵묵히 감내하셨다.

보통 십자가형의 직접적인 사인(死因)은 실혈이 아니라 호흡 곤란이다. 십자가형의 자세는 횡격막의 원활한 활동을 막기 때문에 폐에 충분한 공기를 공급하지 못해 점차 질식사의 상태로 들어간다. 질식사로 죽어가는 환자의 경우 너무나 처참해서 차마 지켜볼 수가 없다. 더 많은 공기를 흡입하고자 입을 더 크게 벌리고 결국은 반 혼수상태에서 알아들을 수 없는 헛소리를 하게 된다.

마가는 십자가 죽음의 현장을 수없이 목격한 로마군 장교 백부장의 고백을 기록함으로써 1세기 당시 문화적 영웅으로서 명예롭게 죽어 간 예수님의 마지막을 묘사하고 있다.

"이 사람은 진실로 하나님의 아들이었도다."

예수님의 비범한 죽음을 옆에서 지켜본 백부장이 예수님을 가리켜 "하나님의 아들"이라고 고백한 것은 무슨 의미가 있을까? 가이사랴 빌립보에서 베드로가 예수님을 "주는 그리스도시요 살아 계신 하나님의 아들이시니이다"라고 고백한 것과 같은 신앙고백으로 이해해야 할까? 사실 십자가형을 집행한 포악한 로마군 백부장이 갑자기 예수님을 "하나님의 아들"이라고 고백하는 것은 전혀 앞뒤가 맞지 않는다. 저자 마가가 백부장의 고백을 의도적으로 기록한 것은 백부장의 신앙고백이 아닌, 수치의 상징인 십자가 위에서 가장 명예롭게 죽으신 예수님의 죽음을 드러내기 위해서였다.

백부장은 십자가형을 집행하면서 십자가 위에서 죽어 가는 수많은 사람들을 지켜보았을 것이다. 많은 경우 죄수들은 십자가 위에서 수시로 반복되는 경련 발작 속에서 자학하기도 하고, 상대방을 격렬히 비방하고 저주하기도 하며, 미친 사람처럼 비명을 지르다가 한없이 절규하며 흐느껴 운다. 높고 낮은 수많은 사회 계층 인사들의 십자가형을 집행하면서 백부장이 느낀 것은, 모든 인간은 죽음 앞에서 초라하고 비참한 존재라는 사실이었을 것이다. 그러나 예수님의 죽음은 이와 달랐고 범상치 않았다.

예수님은 십자가에 달린 6시간 내내 자신을 십자가에 못 박은 종교 지도자들을 저주하거나 울거나 비명을 지르지 않았다. 단지 죽기 전에 아람어로 한마디 외침을 남겼을 뿐이다.

"엘리 엘리 라마 사박다니."

백부장은 죽음의 고통 앞에서 한없이 초라해지던 대다수 죄수들의 모습과는 달리 예수님에게서 범접하기 힘든 비상함을 보았을 것이다. "하나님의 아들"이라는 그의 고백은 보통 사람과는 다른 특별한 사람, 또는 영웅을 의미하는 것이지, 결코 예수님을 메시아로 받아들이는 신앙고백과는 거리가 멀다.

이해를 쉽게 하기 위해 또 다른 예를 들어 보자.

로마 군인들은 전쟁이 없는 평화 시에 진영 내 군인들끼리 종종 '장사 콘테스트'를 벌이곤 했다. 모든 사람을 때려눕히고 최후의 장사로 뽑힌 사람은 '사람 이상' 또는 '초인'으로 여겨지고 '하나님의 아들'로 불렸다. 이런 표현은 신앙고백과는 전혀 상관이 없는 것이다. 약간 다른 비유가 될지 모르지만 우리나라에서도 군 면제를 받은 사람을 진담 반 농담 반 '신의 아들'로 부르는데, 이것이 신앙고백과 무슨 상관이 있겠는가?

CHAPTER

예수님은 학교를 다니셨을까?

회당과 의무 교육

• 말씀을 읽고 기도하던 회당

복음서는 세례 요한으로부터 세례를 받은 후 시작된 예수님의 공생애 사역을 중심으로 기록했기 때문에 예수님의 사생애에 대한 기록이 거의 없다.

예수님은 성전의 부정부패를 척결하시면서 화려하고 인상적인 모습으로 예루살렘의 중앙 무대에 데뷔하셨다. 예수님은 예루살렘에 살고 있던 당대의 지식층이던 바리새인, 사두개인, 서기관들과 하나님의 말씀인 토라와 랍비들의 가르침인 장로들의 유전을 놓고 전혀 밀리지 않는 토론자의 모습으로 등장한다. 예수님은 '토론의 달인'이요, 토라와 당대 문헌에 해박한 학자요, 출중한 랍비로서 화려하게 데뷔하셨던 것이다.

그러면 예수님은 당대에 인정받던 유명한 랍비였는가? 본문 말씀은 갈릴리 나사렛 출신인 예수에 대해서 당시 종교 지도자들이 어떻게 판단하고 있었는가를 보여 준다.

> 유대인들이 놀랍게 여겨 이르되 이 사람은 배우지 아니하였거늘 어떻게 글을 아느냐 하니 _요 7:15

예수님은 과연 이들의 말처럼 '배우지 않은' 무학(無學)자였을까? 복음서에 예수님의 사생애에 대한 기록이 부족하고, 종교 지도자들이 예수님을 무학으로 판단한 것을 바탕으로, 우리는 예수님이 전혀 정규 교육을 받지 않았다고 생각하기 쉽다. 이 땅에 육신의 몸을 입고 사셨던 예수님은 과연 무학자로 30년을 보내다가 공생애 시작과 함께 갑자기 하나님의 영으로 충만해져서 당대의 모든 학문을 통달하게 된 것일까?

이번 장에서는 나사렛에서 소년 시절을 보낸 예수님께서 거치셨을 교육 과정을 살펴봄으로써, 성서시대에 회당을 중심으로 이루어진 의무 교육, 더 나아가 교육 시스템에 대해 다루어 보고자 한다. 아울러 갈릴리 출신인 예수님과 제자들을 자칫 배우지 않은 하류층의 사람으로 오해하게 만든 이유도 알아보고자 한다.

천대받던 갈릴리 사람들

현대 그리스도인들에게 예루살렘 다음으로 감동적이고 친숙한 곳은 예수님 사역의 중심지였던 갈릴리 지방이다. 실제로 이스라엘에 성지순례를 오시는 분들 중 예루살렘보다 갈릴리에서 더 큰 은혜를 받는 경우가 많다. 하지만 2000년 전 예수님이 사역하시던 당시 유대인들에게 '갈릴리'란 이름이 주는 느낌은 오늘날 우리가 느끼는 그것과 사뭇 달랐다.

예수님을 '무학자'로 판단한 종교 지도자들과 실제로는 공생애 사역 내내 해박한 학자로서 진면모를 보이신 예수님 사이의 간격을 메우기 위해서는 갈릴리 지역에 대한 당시의 편견에 대해 알아야 한다.

예수님이 사역하실 당시 이스라엘은 크게 갈릴리, 베뢰아, 유다의 3개 행정구역으로 나뉘어 있었다. 이외에도 크고 작은 행정구역이 더 있었지만, 이들 3개 지역만이 다수의 유대인들이 유대인 지방 특유의 특색을 가지고 살아가고 있었다. 이 중에서 수도권이라고 하면 예루살렘을 끼고 있는 유다 지방이라고 할 수 있다.

성전이 있는 예루살렘에서 종교, 사회, 정치적 엘리트로서 권세를 누리며 살던 당시 종교 지도자들에게 갈릴리 지방은 그저 변방에 속한 촌구석이요, 갈릴리 사람들은 악센트도 거칠고 투박해서 같이하기에는 격이 맞지 않은 사람들이었다. 이는 마치 영국의 잉글랜드 사람들이 아일랜드 사람들을 대하는 태도와 다르지 않다. 갈릴리 지역에 대한 이들의 편견과 천대는 신약성경에서도 종종 확인된다.

> 다 놀라 신기하게 여겨 이르되 보라 이 말하는 사람들이 다 갈릴리 사람이 아니냐 _행 2:7

예루살렘 출신의 종교적 기득권층의 눈에 비친 예수님은 변방의 갈릴리 지역 출신에다 인구 150~200명밖에 안 되는 나사렛 산간벽지(?)에서 온 촌사람에 불과했다. 예루살렘을 중심으로 한 유다 지방 사람들은 스스로를 문명화된 메트로폴리탄 시민으로 생각했고 갈릴리 사람들을 가장 무시했다.

이방의 갈릴리, 그러나 유대 민족주의의 성지

그러면 과연 이들이 생각하는 것처럼 예루살렘은 종교 문화적인 중심 도시요 갈릴리는 문화적 후진성을 보여 주는 촌구석에 불과했을까? 현대의 많은 성도들도 예수님과 제자들이 갈릴리 출신이란 이유로 배우지 못한 하류층인 것으로 알고 있고 또 그렇게 설교를 들었다. 그러나 아쉽게도 유다와 갈릴리 지역에 대한 종교 문화적 상황은 우리가 알고 있는 것과 정확히 정반대였다.

첫째, 갈릴리 지방은 유다 지방보다 훨씬 도시적이고 외부 문화와 접촉이 잦았다. 지정학적으로도 갈릴리 지방은 국제도로인 해변길을 통해 이집트, 바벨론, 유럽과 연결되는 길목에 위치했다. 반면 예루살렘을 중심으로 한 유다 지방은 국제도로와 떨어져 있고 험준한 산간 지방이라 제국들의 관심사에서 크게 벗어난 곳이었다. 엄밀히 말하면 갈릴리가 외부 문화와 빈번하게 교류함으로써 유다보다 더 도시적이고 문화적 수준이 훨씬 높았다.

해변길을 지나는 외국의 문화는 이교도적인 성격이 많았고 이로 인해 갈릴리 지방은 일찍부터 이방화되어 '이방의 갈릴리'란 별칭으로 더욱 유명했다. '이방의 갈릴리'라는 별칭은 갈릴리에 대한 부정적인 평가를 담고 있지만, 다른 한편으로는 폐쇄적인 유다 지방과 달리 제국들의 첨단 문화를 일찍 접했던 갈릴리의 높은 문화적 수준을 말해 주는 표현이기도 하다. 갈릴리는 '이방의 갈릴리'로 불리지만, 이는 역설적으로 '국제화된 갈릴리'를 의미하는 것이다.

전에 고통 받던 자들에게는 흑암이 없으리로다 옛적에는 여호와께서 스불론 땅과 납달리 땅이 멸시를 당하게 하셨더니 후에는 해변길과 요단 저쪽 이방의 갈릴리를 영화롭게 하셨느니라 _사 9:1

둘째, 갈릴리 지방은 유다보다 더 민족주의적이고 종교적인 성향이 짙었다. 오래전부터 이방의 세속적인 문화에 열려 있다 보니 예루살렘은 종교적인 도시, 갈릴리는 세속적인 도시로 생각하기 쉽다. 하지만 이것은 갈릴리 지방에 대한 역사적 고찰에 따라 맞는 말일 수도 있고 또 틀린 말일 수도 있다.

북이스라엘에 속해 있던 갈릴리 지방은 오랫동안 제국들이 호시탐탐 노리던 길목에 위치한 탓에 아시리아의 디글랏빌레셀 3세 때 이미 아시리아 제국의 속주가 되었다. 이때가 주전 732년인데, 북이스라엘이 아시리아에 최종적인 멸망을 당한 것이 주전 722년이므로 이미 북이스라엘 멸망 10년 전에 갈릴리 지역은 아시리아 제국의 영토로 편입된 것이다.

아시리아는 제국에 대한 반역을 미연에 막고자 속주로 편입된 지역에 혼혈화 정책을 추진했다. 즉 지역의 토착민들을 강제로 다른 지역에 이주시키고 그곳에 자국민들을 이주시켜 피를 섞어 버린 것이다. 갈릴리 지역은 다른 지역보다 일찍부터 혼혈화, 이방화 작업이 진행되었다. '이방의 갈릴리'란 불명예스런 별칭을 얻게 된 것도 바로 이 때문이다.

종교적으로 이교도들의 지역이 된 갈릴리 지방이 다시 종교적인 성향이 많은 유대인들의 보금자리로 탈바꿈한 것은 그로부터 600여 년이 지나서부터다. 주전 103년 마카베오 왕조의 아리스토불루스(Aristobulus) 왕은 오랫동안 이교도 지역으로 버림받은 갈릴리 지역을 재정복했다. 하지만 그는 겨우 1년 통치하고 죽었고, 동생인 알렉산더 얀네우스가 뒤를 이었다. 얀네우스 왕은 이교도들이 다수가 된 갈릴리 지역을 다시 유대인 지역으로 바꾸기 위해 유다 지방에 살던 사람들을 이주시키는 정책을 펐다. 이때 유대 종교와 민족주의적 성향이 짙은 유대인들이 갈릴리 지방으로 많이 옮겨 갔다. 그러므로 '이방의 갈릴리'라는 별칭은 이미 오래전 얘기가 되었고, 예수님이 사역하시던 주후 1세기의 갈릴리 지방은 지극히 유대적이고 민족적 성향이 짙은 지역으로 탈바꿈했던 것이다.

예수님 당시에 갈릴리 지역은 예루살렘보다 권위 있는 랍비들의 숫자가 많았고, 종교적 열심으로 인해 도덕과 윤리적인 수준도 예루살렘보다 훨씬 높았다. 주전 63년 로마의 폼페이우스 장군에 의해 이스라엘 땅이 로마제국에 편입된 후 크고 작은 대로마 항쟁이 다섯 차례 이어졌는데, 항상 그 선봉대에 선 곳이 갈릴리 지방이었다. 이방의 갈릴리로 불리던 이 지역이 이후에 다른 어느 지역보다 더 민족적이고 종교적인 지역으로 변화된 것은 이런 역사적 변천 과정에 따른 것이다.

따라서 갈릴리 지역을 중심으로 펼쳐지는 복음서를 이해하기 위해서도 갈릴리 지역과 그곳에 살고 있던 갈릴리 사람들의 성향을 이해할 필요가 있다.

요셉은 왜 베들레헴으로 호적하러 갔을까?

모든 사람이 호적하러 각각 고향으로 돌아가매 요셉도 다윗의 집 족속이므로 갈릴리 나사렛 동네에서 유대를 향하여 베들레헴이라 하는 다윗의 동네로 그 약혼한 마리아와 함께 호적하러 올라가니 마리아가 이미 잉태하였더라 _눅 2:3-5

만삭의 마리아를 데리고 베들레헴으로 호적하러 가는 요셉의 이야기는 성탄 카드에 단골 삽화로 등장할 정도로 유명하다. "요셉이 왜 베들레헴으로 호적하러 갔을까?" 하고 물으면 그저 "로마 황제인 가이사 아구스도가 명령했기 때문에"라고 대답할 것이다.

그때에 가이사 아구스도가 영을 내려 천하로 다 호적하라 하였으니
_눅 2:1

요셉이 만삭의 아내인 마리아를 데리고 갈릴리 나사렛에서 유다 베들레헴까지 가려면 적어도 5일 정도 걸렸다. 현대인은 자유롭게 이사를 다녀서 자기가 태어난 고향에서 사는 일이 오히려 드물지만, 성서시대에는 본적지에서 벗어나 다른 지역으로 이주하는 것이 드물었다. 특별한 경우가 아니면 본적지와 현주소가 똑같았던 것이다. 이들에게 고향은 조상 때부터 살던 곳이고 후손들이 계속 살아갈 삶의 터전이었다.

하지만 유다의 베들레헴이 본적지인 요셉은 고향을 떠나 멀리 갈릴리의 나사렛으로 이주해서 살았다. 당시로서는 그리 흔하지 않은 상황이다. 요셉의 부모는 아마도 주전 103년부터 시작된 갈릴리 지역의 유대화 물결을 좇아 고향을 등지고 갈릴리에 정착하지 않았나 싶다.

나사렛 사람들은 왜 예수님을 죽이려고 했을까?

회당에 있는 자들이 이것을 듣고 다 크게 화가 나서 일어나 동네 밖

으로 쫓아내어 그 동네가 건설된 산 낭떠러지까지 끌고 가서 밀쳐 떨어뜨리고자 하되 _눅 4:28–29

예수님은 가버나움을 중심으로 공생애 사역을 시작하면서 많은 이적을 행하셨다. 이때 많은 사람들이 예수님을 따르고 믿었지만 나사렛 사람들은 전혀 다른 반응을 보였다. 이들이 예수님을 메시아로 믿기에는 어린 예수와 인간 예수의 모습이 너무나 강하게 각인되어 있었을 것이다.

그들이 다 그를 증언하고 그 입으로 나오는 바 은혜로운 말을 놀랍게 여겨 이르되 이 사람이 요셉의 아들이 아니냐 _눅 4:22

이 정도의 반응으로 끝났다면 충분히 이해할 수 있지만, 나사렛 사람들은 동향 출신인 예수를 낭떠러지로 데려가 떨어뜨려 죽이려고까지 했다. 나사렛 주민들의 이런 극단적인 반응은 아무리 생각해도 '좀 심했다'는 생각이 든다. 그들은 왜 동향 출신인 예수를 죽이고 싶을 정도로 분노한 것일까?

너무나 잘 아는 본문이지만 이 본문을 읽으면서 이런 질문을 던져 본 사람은 그리 많지 않을 것이다. 그저 예수님의 말씀을 인용해 '선지자가 고향에서 환영받기 힘들구나' 하면서 넘어갔을 것이다.

또 이르시되 내가 진실로 너희에게 이르노니 선지자가 고향에서는 환영을 받는 자가 없느니라 _눅 4:24

하지만 단순히 환영받지 못한 데서 그친 것이 아니라 죽이려고까지 했다는 데 문제의 심각성이 있다. 예수님을 향한 나사렛 주민들의 극단적인 분노는 어디에서 초래된 것일까? 이에 대한 열쇠는 이어지는 예수님의 말씀 속에 숨어 있다.

> 내가 참으로 너희에게 이르노니 엘리야 시대에 하늘이 삼 년 육 개월간 닫히어 온 땅에 큰 흉년이 들었을 때에 이스라엘에 많은 과부가 있었으되 엘리야가 그 중 한 사람에게도 보내심을 받지 않고 오직 시돈 땅에 있는 사렙다의 한 과부에게뿐이었으며 또 선지자 엘리사 때에 이스라엘에 많은 나병환자가 있었으되 그 중의 한 사람도 깨끗함을 얻지 못하고 오직 수리아 사람 나아만뿐이었느니라 _눅 4:25-27

예수님은 엘리야 시대의 시돈 땅 사렙다 과부와 엘리사 시대의 수리아 사람 나아만의 예를 들면서 이들의 믿음을 나사렛 주민들보다 비교 우위에 놓고 말씀하셨다. 그러면 이것이 왜 나사렛 주민들을 분노하게 만들었을까? 흔히 자식을 야단칠 때 다른 아이와 비교하면서 혼내면 마음에 상처를 입는다고 하는데, 이들도 예수님이 남과 비교해서 화를 낸 것일까?

물론 그런 면도 있겠지만, 여기서는 무엇보다 '누구와 비교했느냐'가 문제였다. 예수님은 엘리야 시대와 엘리사 시대의 예를 들며 이방인들과 비교한 것이다. 이 말씀을 듣는 나사렛 사람들이 누구인가? 이들은 열렬한 유대 민족주의를 앞세워 600여 년간 이방인들에게 버려진 '이방의 갈릴리' 지역에 정착한 사람들이다.

유대 민족주의의 핵심은 극단적인 민족적 우월감이다. 하나님이 유대 민족을 택했기에 유대 이외의 민족들은 모두 '이방인'으로 뭉뚱그려서 멸시하는 것이 유대 민족주의자들의 특징이다. 그런데 예수님은 그런 이방인들, 자신들이 보기에는 지옥의 불쏘시갯감도 안 되는 이방인들과 자신들을 비교하면서 이방인들이 자기들보다 더 낫다고 말하고 있지 않은가? 당시 예수님의 말씀을 듣던 청중들의 성향을 이해할 때 이 정도면 거의 '뚜껑이 열리는' 상황이지 않았겠는가? 예수님의 말씀은 이들이 가장 듣기 싫어하는 말이었고, 그렇기 때문에 이들이 반드시 들어야 했던 말씀이었다.

성서시대 회당은 어떤 곳이었을까?

기독교인들에게 교회가 있듯이, 무슬림들에게는 사원(모스크)이 있고 유대인들에게는 회당(시너고그)이 있다. 복음서를 읽다 보면 안식일마다 예수님이 회당에 가서 성경을 봉독하고 가르치시는 장면이 나온다. 또 사도행전에는 바울이 전도 여행을 하면서 주로 회당에 가서 말씀을 가르치는 장면이 나오는데, 이곳은 소아시아와 유럽에 흩어져 있던 디아스포라 유대인들이 모이던 곳이었다.

크리스천들에게 교회가 기도하고 성경을 공부하는 종교적인 장소인 것처럼, 유대인들에게는 회당이 교회와 같은 종교적인 장소가 아니었을까 생각된다. 신약성경에 등장하는 회당의 모습도 모두 종교적인 장소로서만 나타나기 때문에 그렇게 생각하는 것이 큰 무리는 아닐 것이다.

예수님 당시 회당은 기도와 교육의 두 가지 기능을 담당하던 곳이었다. 오늘날의 초등학교와 중학교의 정규 교육을 담당하던 곳이 회당이었던 것이다. 즉 우리식으로 표현하면 학교와 교회가 혼합된 형태가 1세기 당시의 회당이었다.

현대 이스라엘에서는 학교와 회당이 교육과 종교적 장소로 분리되어 있다. 회당이 종교적인 장소로 고정된 것은 주후 70년 로마에 의해 성전이 무너진 이후에 생긴 변화였다. 로마에 대항한 유대인의 반란은 그 대가가 매우 혹독해서 하나님의 임재의 상징인 성전이 무너지고 유대인들은 전 세계로 흩어져 살아야 했다.

이후 회당이 성전의 역할을 대신하면서 종교적인 기능이 대폭 강화되었다. 회당을 성전의 대체 장소로 발전시킨 것은 에스겔서 말씀을 확대 해석한 결과였다.

> 그런즉 너는 말하기를 주 여호와의 말씀에 내가 비록 그들을 멀리 이방인 가운데로 쫓아내어 여러 나라에 흩었으나 그들이 도달한 나라들에서 내가 잠깐 그들에게 성소가 되리라 하셨다 하고 _겔 11:16

기도 장소로서의 회당

성서시대 회당은 마을 사람들이 모이는 중요한 집회 장소였다. 대부분 집들의 지붕이 진흙을 이겨 만든 점토 지붕이었던 데 반해, 회당의 지붕은 기와지붕으로 구별되었다. 안식일에는 성경 봉독과 토론이 이어졌는데, 회당 가운데 있는 목조 연단에서 말씀에 대한 존경의 표시로 일어서서 말씀을 봉독했다. 봉독 후에는 '모세의 의자'로 불리는 곳에 앉았고 봉독한 말씀을 가지고 열띤 토론이 벌어졌다. 예수님도 모세의 의자를 언급하셨고, 갈릴리 북쪽에 있는 고라신의 회당에서 모세의 의자가 발견되기도 했다.

> 서기관들과 바리새인들이 모세의 자리에 앉았으니 그러므로 무엇이든지 그들이 말하는 바는 행하고 지키되 그들이 하는 행위는 본받지 말라 그들은 말만 하고 행하지 아니하며 _마 23:2-3

안식일에 정기적으로 회당에 가신 예수님은 성경 봉독을 한 후 모세의 의자에 앉으셨을 것이다.

> 예수께서 그 자라나신 곳 나사렛에 이르사 안식일에 늘 하시던 대로 회당에 들어가사 성경을 읽으려고 서시매 _눅 4:16

회당의 예배에는 여성들도 참여했던 것으로 보인다. 초기의 문헌에는 여성도 성경 봉독을 했다고 기록하고 있지만, 후기의 문헌에서는 여성의 성경 봉독을 금하고 있다. 바울은 데살로니가 회당에서 가르쳤는데 그곳의 많은 귀부인들이 바울의 가르침에 깊은 인상을 받았던 것을 볼 때 회당 예배에 여성들도 참여한 것을 알 수 있다.

● 고라신의 회당에서 발견된 **'모세의 의자'**

그 중의 어떤 사람 곧 경건한 헬라인의 큰 무리와 적지 않은 귀부인도 권함을 받고 바울과 실라를 따르나 _행 17:4

교육 장소로서의 회당

예수님의 탄생 이후부터 12세까지의 기록이 복음서에 전무하지만, 당시의 랍비 문헌을 기초로 1세기 당시 유대인 소년들의 교육 단계와 시스템을 알 수 있다. 5세부터 9세까지 토라로 불리는 모세오경을 공부하는데, 이는 오늘날의 초등교육에 해당한다. 10세부터 12세까지 '미쉬나'로 불리는 구전 율법을 공부했는데 이는 오늘날의 중등교육에 해당한다. 이후 13세에는 성인식을 가졌는데, 소수의 촉망받는 아이들만 탈무드를 공부하는 고등교육 과정으로 넘어간다. 당시는 일손이 절실히 필요했던 때라 소수의 학문적 은사가 있는 아이들만 학업의 길을 계속 갔다. 이러한 아이들은 가족이 뒷바라지를 하거나, 혹 가정형편이 어려운 경우에는 지역 사회에서 후원을 해주었다.

이를 볼 때 1세기 당시 유대인은 성인식 전까지 초등교육과 중등교육에 해당하는 의무 교육을 받았다는 것을 알 수 있다. 이러한 의무 교육은 신구약 역사에서 최초의 여왕인 알렉산드라(알렉산더 얀네우스의 아내, 주전 76~67년) 때 이루어졌다. 물론 이스라엘 역사의 남북 분열기에 남유다에서 아달랴 여왕이 통치했지만 그녀는 다윗 가문을 죽이고 쿠데타로 집권한 찬탈자이므로 제외했다.

주후 1세기 대부분이 문맹이던 로마제국 내에서 이스라엘만큼은 이미 문맹이 퇴치되었다는 놀라운 사실을 확인할 수 있다. 하지만 아쉽게도 이러한 의무 교육은 아들의 경우에만 해당했고, 딸은 가정에서 어머니가 교육했다.

예수는 랍비였는가?

1세기 당시 이스라엘 땅에서 사역하시던 예수님을 바라보는 당대의 평가는 어떠했을까? 당시 대다수의 사람들은 예수님을 어떻게 인식했을까? 성경에 보면 율법사, 부자, 바리새인, 사두개인, 평민 등 다양한 계층의 사람들이 예수님을 '랍비'로 불렀다.

그 중의 한 율법사가 예수를 시험하여 묻되 선생님 율법 중에서 어느 계명이 크니이까 _마 22:35-36

어떤 사람이 주께 와서 이르되 선생님이여 내가 무슨 선한 일을 하여야 영생을 얻으리이까 _마 19:16

그런데 바리새인 중에 니고데모라 하는 사람이 있으니 유대인의 지도자라 그가 밤에 예수께 와서 이르되 랍비여 우리가 당신은 하나님께로부터 오신 선생인 줄 아나이다 하나님이 함께하시지 아니하시면 당신이 행하시는 이 표적을 아무도 할 수 없음이니이다 _요 3:1-2

랍비는 히브리어의 '라브'(רב)에서 온 말로 '많다'(many, much)를 뜻한다. 이는 아마도 랍비가 다양한 분야에서 박학다식한 학자임을 나타내는 말로 쓰인 듯하다.

중등교육을 마친 아이들 중 학문적 은사가 있는 아이들은 당대의 유명한 랍비에게 찾아가 그의 문하생이 되면서 고등교육을 이어갔다. 회당은 초등, 중등교육의 의무 교육을 담당하는 것으로 임무를 다한 것이다. 랍비의 문하생들은 이곳저곳을 순회하였는데, 당시에는 수많은 랍비들을 중심으로 그를 따르는 문하생 그룹이 많았다. 예수님과 제자들도 그런 수많은 랍비들과 문하생 그룹의 하나로 여겨졌을 것이다.

랍비로 불린 예수님을 왜 무학자라고 했을까?

유대인들이 놀랍게 여겨 이르되 이 사람은 배우지 아니하였거늘 어떻게 글을 아느냐 하니 _요 7:15

공생애 사역을 시작하셨을 때 예수님은 이미 당시의 의무 교육인 초등, 중등교육 과정을 모두 마치셨을 것이다. 하지만 본문에서 종교 지도자들은 분명 예수님을 배우지 않았다며 무시하고 있다. 이러한 비난은 실제로 예수님이 회당 근처에도 가보지 않은 무학자라기보다 초등, 중등 교육 과정 이후에 당대 유명한 랍비의 문하에서 배움을 이어가지 않았음을 지적하는 것일 가능성이 높다. 예수님은 공식적인 고등교육의 과정은 거치지 않았지만 자신의 사역과 가르침을 통해 이미 '명예' 랍비로 인정받았기 때문이다.

예수님의 가르침이 랍비들과 다른 이유

이는 그 가르치시는 것이 권위 있는 자와 같고 그들의 서기관들과 같지 아니함일러라 _마 7:29

예수님의 가르침을 당시의 바리새인, 서기관들의 가르침과 비교하면서 본문은 예수님을 "권위 있는 자"와 같다고 표현하였다. 과연 "권위 있는 자"와 같다는 말은 무엇을 의미할까? 이것은 예수님의 가르침이 다른 랍비들과는 근본적으로 다르다는 뜻이다. 당시의 랍비들은 문하생들에게 토라를 가르칠 때 자신보다 앞서 살았던 수많은 대랍비들의 해석을 인용하는 방식을 사용했다. 자신의 권위가 아니라 이미 대랍비로 알려진 학자들의 권위를 빌려서 교훈을 가르친 것이다.

그러나 예수님이 가르치는 방식은 전혀 달랐다. 예수님은 자신의 권위를 이용해서 토라의 원문을 직접 해석하셨고, 또 대랍비들의 가르침으로 통용된 교훈도 거침없이 뒤집어엎으심으로 자신의 해석이 옳음을 주장하셨다. 남의 권위를 빌리지 않고 자신의 권위로 가르치신 예수님은 실로 그 가르치는 것이 "권위 있는 자"와 같았다.

> 또 간음하지 말라 하였다는 것을 너희가 들었으나 나는 너희에게 이르노니 음욕을 품고 여자를 보는 자마다 마음에 이미 간음하였느니라 _마 5:27-28

> 또 일렀으되 누구든지 아내를 버리려거든 이혼 증서를 줄 것이라 하였으나 나는 너희에게 이르노니 누구든지 음행한 이유 없이 아내를 버리면 이는 그로 간음하게 함이요 또 누구든지 버림받은 여자에게 장가드는 자도 간음함이니라 _마 5:31-32

> 또 네 이웃을 사랑하고 네 원수를 미워하라 하였다는 것을 너희가 들었으나 나는 너희에게 이르노니 너희 원수를 사랑하며 너희를 박해하는 자를 위하여 기도하라 _마 5:43-44

그리스도 예수의 날까지

이스라엘에서 지난 10년을 사역자로 살면서 가장 힘들었던 점은 '외로움'이었다. 이것은 해외에 사는 대부분의 사역자들이 느끼는 공통된 감정이다. 한국에서 왔다고 하면 그것이 무엇이든 반갑고 괜히 흐뭇하고 가슴 찡해지는 것은 고국을 떠난 모든 사역자들이 느끼는 감정이다. 그래서 해외에서는 모두가 애국자라고 하는 모양이다.

2000년 뉴밀레니엄의 시작과 함께 야심차게 이스라엘로 떠나왔으나 4, 5년 지나자 모든 게 바닥나기 시작했다. 깊은 고독과 절망과 두려움의 나락에 떨어져 한동안 '의기소침'해 있었다. 그 기나긴 터널을 지나는 동안 나를 사로잡았던 생각이 있었다.

'드디어 사역을 접고 한국으로 돌아갈 시간이 되었나 보다. 여기까지가 나의 한계인가 보다.'

그러나 죽기 아니면 까무러치기로 하나님께 매달려 기도했다. 갈 때 가더라도 하나님의 최종적인 인도하심과 확신을 얻기 위해서였다. 평소 성경 읽기와 책 읽기를 좋아했지만, 이 일에 전적으로 매진한 것은 그 후였다. 주로 로이드 존스 목사님의 책을 많이 읽었는데, 성경 다음으로 내게 영감을 주는 가장 강력한 책이었다. 특히 《부흥》(생명의말씀사)을 읽으며 절망의 긴 터널을 지나 다시금 확신과 기쁨으로 '턴 어라운드'(turn around)할 수 있었다.

오순절 성령 강림으로 최초의 부흥이 일어난 이스라엘 땅, 그 부흥이 지구를 한 바퀴 돌아 다시금 예루살렘으로 향하고 있다. '백 투 예루살렘'의 시대적 코드를 온몸으로 느끼며 사역을 계속할 분명한 이유를 찾은 것이다. 스가랴 선지자가 약속한 것처럼 예루살렘에 2000년 전에 부어졌던 성령의 시대가 다시 찾아올 것이다. 그리고 유대인들은 그들이 2000년 전에 찔러 죽였던 그분이 바로 자신들이 애타게 기다리던 메시아임을 깨닫고 애통하며 회개할 것이다.

> 내가 다윗의 집과 예루살렘 주민에게 은총과 간구하는 심령을 부어 주리니 그들이 그 찌른 바 그를 바라보고 그를 위하여 애통하기를 독자를 위하여 애통하듯 하며 그를 위하여 통곡하기를 장자를 위하여 통곡하듯 하리로다 _슥 12:10

하나님은 이후 사역의 지경을 놀랍도록 넓혀 주셨다. 집을 공개해 러시아에서 이주한 유대인들을 대상으로 가정교회를 열었고, 현지인 사역자와 함께 갈릴리 호수에서 세례를 베풀었다. 잡지 〈이스라엘 투데이〉와 인연을 맺으면서 한국어판 편집장을 맡아 '백 투 예루살렘'의 시대를 알리는 파수꾼이 되기도 했다.

〈이스라엘 투데이〉를 들고 미국의 한인교회를 돌면서 '성서 식물 세미나'를 열었다. 세미나를 마친 후 정기 구독자를 확보하기 위한 전략이었다.

《열린다 성경》 시리즈도 이런 우연찮은 계기로 탄생되었다. 그러나 많은 사람들의 격려가 이어졌고, 덕분에 수권에 이르는 시리즈를 쓸 수 있었다. 누구나 그렇듯이 마음먹고 계획하여 추진하는 대로 인생이 흘러가지만은 않는다. 하나님의 보이지 않는, 그러나 강력한 손길이 각자의 인생 가운데 개입되기 때문이다. 그 손길이 항상 선하시고 완벽하심을 믿기에 늘 감사하다.

생후 10개월 때 이스라엘에 온 둘째 딸 현지는 지금 초등학교 5학년이 되었는데 내게 가끔 이런 질문을 한다.

"아빠는 진짜 직업이 뭐예요?"

딸이 묻는 질문의 의도를 잘 알고 있다. 네 살 때 이스라엘에 온 아들 찬영이(현재 중학교 2학년)는 아빠가 한국에서 한의사로 일하던 모습을 어렴풋이라도 기억하지만, 현지는 한의사 가운을 걸친 아빠의 모습을 한 번도 본 적이 없다.

학교에 소속된 연구원으로 일하다가, 집에서 사람들을 모아 놓고 설교를 하다가, 찾아오는 환자들을 소파에 눕혀 놓고 치료하다가, 온누리 교회 사역자 모임을 인도하다가, 잡지사의 기자 겸 편집자로 일하는 아빠의 정체성을 현지로서는 도무지 이해하기 어려울 것이다. 여기에 책이 출간되면서 아빠의 직업에 작가라는 타이틀이 더 붙었다. 현지에게는 변화무쌍한 아빠의 모습이 그저 신기할 따름일 것이다.

아이들 방을 둘러보다가 아이들이 긁적거린 글을 우연찮게 보았는데 참으로 가슴 뭉클했다.

"I am so proud of my dad."

이 글을 보고 이런 안도감이 들었다.

'그래, 어찌 되었든 인생을 헛되게 살아온 것은 아니구나…….'

《열린다 성경》 시리즈를 통해 적지 않은 독자 분들로부터 격려의 메일을 받았다. 또 부족한 부분을 세세히 지적하며 수정을 요하는 메일도 받았다. 모두 졸저인《열린다 성경》을 아끼는 '사랑의 표현'이라고 생각한다.

개중에는 '시리즈가 몇 권까지 이어지느냐'는 질문도 빠지지 않는다. 이것은 참으로 대답하기 곤란한 질문이다.《열린다 성경》 시리즈는 원래 내 인생 계획 안에 포함되지 않았던 일이다. 오로지 그분의 섬세한 계획으로 책이 출간되었고, 이 일의 '계속됨'도 그분이 하실 일이다.

> 너희 안에서 착한 일을 시작하신 이가 그리스도 예수의 날까지 이루실 줄을 우리는 확신하노라 _빌 1:6

《열린다 성경》 시리즈를 통해 하나님의 말씀인 성경을 사랑하는 마음이 독자 여러분의 마음속에 일어나기를 기도했는데, 무엇보다 이 기도 제목이 이루어진 듯해 너무나 행복하다.《열린다 성경》 시리즈가 2009년 기독출판협회에서 주관하는 '신앙일반' 부문 최우수상을 받았다는 소식도 하나님이 내게 덤으로 주신 '행복'이다.

《열린다 성경》 시리즈와 함께하는 긴 여행 동안 이 책을 쓰는 저자나 읽는 독자 모두에게 늘 이런 고백과 기도 제목으로 충만하다면 얼마나 좋을까!

하나님, 당신을 갈망합니다.

하나님, 성경을 사랑합니다.

Borowski, Oded., *Daily Life in Biblical Times*, Atlanta: Society of Biblical Literature, 2003

Maynard, Jill., *Bible Life & Times*, New York: Reader's Digest, 1997

King, Philip J. and Stager, Lawrence E., *Life in Biblical Israel*, Louisville: Westminster John Knox Press, 2001

Fleming, James W., *The World of the Bible Gardens*, Jerusalem: Biblical Resources, 2000

Fleming, James W., *The context of holy week,* Jerusalem: Biblical Resources, 2000

Fleming, James W., *Attitudes toward women in the Bible*, Jerusalem: Biblical Resources, 2000

Fleming, James W., *Jesus the teacher*, Jerusalem: Biblical Resources, 2000

Nun, Mendel., *The Sea of Galilee and Its Fishermen in the New Testament*, Jerusalem: Kibbutz Ein Gev, 1989

Darom, David., *Beautiful Plants of the Bible*, Herzelia: Palphot Ltd, 2000

Williams, David J., *Paul's Metaphors*, Peabody: Hendrickson Publishers Inc, 1999

Pilch, John J., *The Cultural Dictionary of the Bible*, Collegeville: The

Liturgical Press, 1999

Klinck, Arthur W., *Everyday Life in Bible Times*, St. Louis: Concordia Publishing House, 1995

Edersheim, Alfred., *Sketches of Jewish Social Life*, Peabody: Hendrickson Publishers Inc, 1994

Vamosh, Miriam F., *Daily Life at the time of Jesus*, Herzelia: Palphot Ltd, 2000

Vamosh, Miriam F., *Women at the time of Bible*, Herzelia: Palphot Ltd, 2000

Drane, John., *Illustrated Encyclopedia of the Bible*, Oxford: Lion Hudson plc, 1998

Kerrigan, Michael., *Epics of Early Civilization*, London: Duncan Baird Publishers, 1998

김기찬, 「요세푸스」, 서울: 생명의말씀사, 1992

최명덕, 「유대인 이야기」, 서울: 두란노, 1997

크레이그 키너, 「성경배경주석—신약」, 서울: IVP, 1998

존 월튼, 빅터 매튜스, 마크 샤발라스, 「성경배경주석—구약」, 서울: IVP, 2001

롤랑드보, 「구약 시대의 생활풍속」, 서울: 대한기독교서회, 1993